BJØRN DAHLEM
MARE LUNARIS

KERBER ART

VORWORT UND DANK

Mit der Raumintervention *Mare Lunaris* von Björn Dahlem setzt die Berlinische Galerie ihre Reihe ortsspezifischer Interventionen zeitgenössischer Berliner Künstlerinnen und Künstler fort und knüpft an jene Projekte an, die seit 2010 in der ersten Ausstellungshalle des Museums realisiert werden konnten. Hierzu zählen die Ausstellungen von Julian Rosefeldt, Susanne Kriemann, Angela Bulloch, J. Mayer H., Michael Sailstorfer, Tue Greenfort, Katja Strunz, Franz Ackermann und Nik Nowak. Zentrale Idee war es stets, die Herausforderung des über 40 Meter langen und 10 Meter hohen Raums anzunehmen und eine In-situ-Arbeit zu entwickeln.

Die „Initialzündung", Björn Dahlem auf ein Projekt in der Berlinischen Galerie anzusprechen, war die Ausstellung *The End of It All*, die im Jahr 2012 im Kunstverein Braunschweig stattfand. Für diese hatte er alte und neue Arbeiten in dem klassizistischen Gebäude, dem Haus Salve Hospes, zusammengeführt. Die bisweilen fantastisch anmutenden Arbeiten traten in einen intensiven Dialog mit der klassizistischen Architektur und erlaubten Einblicke in geschlossene und gleichzeitig offene Systeme, die an das Universum erinnerten und eine Auseinandersetzung mit astronomischen Phänomenen evozierten. Arbeiten wie *Die Sonne* (2012) oder *Himmelsglobus (Das All)* (2010) nahmen ganz direkt auf diese Themenbereiche Bezug. Durch die Kombination von profanen und scheinbar unbedeutenden Gegenständen mit den großen Themen Theologie und Philosophie erhielten die Werke eine mysteriöse und gleichzeitig wissenschaftliche Konnotation.

Für den klassischen White Cube der Berlinischen Galerie hat Dahlem eine UFO-artige Kapsel entworfen, die er mit neuen und bereits bestehenden Arbeiten kombiniert und auf für ihn charakteristischen Sockelstrukturen präsentiert. Das UFO ist für die Besucher begehbar. In der Kapsel selbst läuft ein Video, in dem sich der Künstler mit einer Botschaft direkt an die Besucher wendet. Das Ensemble der Arbeiten formiert sich zu einer atmosphärischen Landschaft und wird zu einem assoziativen Feld, das die Beziehung von Physik und bildender Kunst hinterfragt.

Der raumgreifende Entwurf Björn Dahlems in der Berlinischen Galerie konnte durch das technische Know-how des Architekturbüros

FOREWORD AND ACKNOWLEDGEMENTS

With Björn Dahlem's intervention into the exhibition space, *Mare Lunaris*, the Berlinische Galerie is continuing its series of site-specific interventions by contemporary Berlin artists, following on from other successful projects realized in the museum's first exhibition hall since 2010. These included exhibitions by Julian Rosefeldt, Susanne Kriemann, Angela Bulloch, J. Mayer H., Michael Sailstorfer, Tue Greenfort, Katja Strunz, Franz Ackermann and Nik Nowak. The key idea has always been tackling the challenge posed by a space measuring more than 40 metres in length and 10 metres in height by developing a work in situ.

The "inspiration" to approach Björn Dahlem about a project in the Berlinische Galerie came during the exhibition *The End of It All*, which took place at Kunstverein Braunschweig in 2012. In that context he had brought together old and new works in the classicist building "Salve Hospes". The works there, some of which appeared quite fantastic, entered into an intense dialogue with the classicist architecture, so permitting insights into self-contained and simultaneously open systems, which provided reminders of the universe and prompted a debate with astronomical phenomena. Works like *Die Sonne* (2012) or *Himmelsglobus (Das All)* (2010) make direct reference to such thematic fields. The combination of profane and apparently insignificant objects with the major themes of theology and philosophy lent a mysterious and simultaneously scientific connotation to the works.

Dahlem has designed a UFO-like capsule for the classic "white cube" of the Berlinische Galerie, which he combines with new and already existing works and presents on the pedestal structures characteristic of his œuvre. The UFO is accessible to exhibition visitors. Inside, a video in which the artist addresses a personal message to the visitors is shown. The ensemble of works forms an atmospheric landscape, so evolving into an associative field that questions the relations between physics and fine art.

It has only been possible to realize the space-consuming concept by Björn Dahlem in the Berlinische Galerie thanks to the

Saygel & Schreiber realisiert werden. Attila Saygel und Manuel Schubbe möchte ich an dieser Stelle herzlich für die unkomplizierte und professionelle Umsetzung der Installation danken.

Das Projekt wurde kuratorisch von Anne Bitterwolf, meiner wissenschaftlichen Referentin, mit großem Einfühlungsvermögen und Engagement begleitet. Ihr danke ich dafür, dass sie nicht nur organisatorisch auf die Einhaltung des engen Zeitplans geachtet, sondern auch als Autorin einen exzellenten Text zu der vorliegenden Publikation beigesteuert hat.

Der Katalog wurde, wie schon angedeutet, binnen kürzester Zeit von Björn Dahlem und seinem Gestalter Mirko Borsche konzipiert und in eine großartige grafische Form gegossen. Dem Bureau Mirko Borsche und insbesondere Gian Gisiger danke ich herzlich, dass sie einen kühlen Kopf bewahrt und hervorragende Gestaltungsideen eingebracht haben.

Die Ausstellungsrealisierung nach den Entwürfen Björn Dahlems stellte eine besondere Herausforderung für das technische Team des Museums dar. Dem Technischen Leiter Roland Pohl und seinem Vertreter Wolfgang Heigl sei an dieser Stelle herzlich für ihren Erfindungsreichtum gedankt. Weiterer Dank gebührt den Galerien des Künstlers, Guido W. Baudach in Berlin und Sies + Höke in Düsseldorf, die die Ausstellung von Anfang an konstruktiv und kenntnisreich befördert und uns großzügig Leihgaben sowie Materialien zum Künstler zur Verfügung gestellt haben.

Ein letzter wichtiger Dank gilt Björn Dahlem selbst und seinem Team Sibylla Dumke, Fabian Fobbe, Timo Klöppel, Kerstin Podbiel, Katrin Rother und Alison Smith. Voller Tatendrang und außerordentlichem Elan wurde das Projekt nicht nur in kürzester Zeit überzeugend entwickelt, sondern mit großer Flexibilität den sich wandelnden Gegebenheiten angepasst. Die Ausstellungshalle der Berlinischen Galerie wird durch die Installation Björn Dahlems als vollkommen neuer Ort erfahrbar und setzt die Reihe der künstlerischen Interventionen im Museumskontext auf eindrucksvolle Weise fort.

Thomas Köhler, Direktor

technical know-how of the architectural office Saygel & Schreiber. At this point, I would like to thank Attila Saygel and Manuel Schubbe most sincerely for their uncomplicated, professional implementation of the installation.

Anne Bitterwolf, my scientific associate, supervised the project with great sensitivity and commitment as curator. My thanks to her, not only for taking care of the organization and adhering to our tight timetable but also for writing an excellent text contribution to this publication.

As suggested already, the catalogue was conceived within a very short time by Björn Dahlem and his graphic designer Mirko Borsche, and arranged into a superb graphic form. I am most grateful to the office of Mirko Borsche and especially to Gian Gisiger, for some outstanding design ideas and for keeping a cool head at all times.

The realization of the exhibition according to Björn Dahlem's plans presented a particular challenge to the museum's technical team. At this point, therefore, I would like to express my gratitude to our technical director Roland Pohl and his deputy Wolfgang Heigl for their extraordinary inventiveness.

Further thanks are due to the galleries representing the artist, Guido W. Baudach in Berlin and Sies + Höke in Düsseldorf, who promoted the exhibition constructively and knowledgeably from the start, and have provided us with generous loans and information material about the artist.

Final, most important thanks go to Björn Dahlem himself, and to his team Sibylla Dumke, Fabian Fobbe, Timo Klöppel, Kerstin Podbiel, Katrin Rother and Alison Smith. Working with exceptional drive and immense energy, they not only developed a convincing project within a very short time but also adapted to changing circumstances with great flexibility. Björn Dahlem's installation makes it possible to experience the exhibition hall of the Berlinische Galerie as a completely new space, impressively continuing our series of artistic interventions into the museum context.

Thomas Köhler, Director

Thomas Köhler

BJÖRN DAHLEM UND DIE POETIK DER PHYSIK

Seit der antiken Rhetorik gilt das Erhabene in der Ästhetik als eine angeborene Gabe, Menschen zu bewegen und zu erschüttern. Spätestens mit Immanuel Kants *Kritik der Urteilskraft*[1] emanzipierte sich der Begriff des Erhabenen jedoch von der direkten sinnlichen Bedeutung und Aufladung. Erhaben ist nun ohne genuine Begrifflichkeit das, was allgemein „wohlgefällt". Interessanterweise kann jedoch alles Erhabene als Gegenstand nur dann „wohlgefallen", wenn es durch die Vernunftideen des Subjekts geleitet wird. Mit Kant[2], auf den sich Björn Dahlem in seiner Ausstellung *Die Theorie des Himmels*[3] explizit bezogen hat, wurde endgültig die kopernikanische Wende vom geo- zum heliozentrischen Weltbild vollzogen. Der Mensch stand fortan nicht mehr im Zentrum der Galaxie, sondern er zog auf der Erde lediglich elliptische Kurven am Rande eines anzunehmenden, in seiner Größe jedoch nicht vorstellbaren Universums. Auf sich gestellt und abhängig von seiner Interpretation der Konstellationen. Björn Dahlem, aufgewachsen in einer Physikerfamilie, treibt die spielerische Analyse von Phänomenen des Universums um. Seine skulpturalen Objekte können sowohl raumfüllend als auch, wie ein physisches Teilchen, verschwindend klein sein.

Allen Arbeiten gemein ist aber der Umgang mit äußerst profanen, alltäglich uns umgebenden Materialien. Seien es die Neonröhren, die grellweiß sowohl ein Raumschiff erhellen als auch die Sonne repräsentieren können, oder auch Styropor- und Teppichassemblagen, die mit normalen Dachlatten versehen sind und uns zeigen, dass die Entdeckung des Himmels auch durch die Verbindung von Wissenschaft und Philosophie und humorvoller Verknüpfung von Trivialem und Erhabenen versucht werden kann: Wir stehen mit Björn Dahlem auf der Auslegeware und betrachten ein schwarzes

BJÖRN DAHLEM AND THE POETRY OF PHYSICS

Since ancient rhetoric, the sublime has been defined in aesthetics as an innate ability to move and also unsettle the recipient. However, with Immanuel Kant's *Critique of Judgement*[1] at the latest, the concept of the sublime was emancipated from this directly sensory charge and meaning. Now, the sublime lacks a genuine abstract concept, being only what conveys "delight". Interestingly, however, all that is sublime as an object can only "convey delight" when it is guided by the subject's own rational thinking. The Copernican turn away from a geocentric towards a heliocentric view of the world was finally completed with Kant[2], to whom Björn Dahlem explicitly referred in his exhibition *Die Theorie des Himmels*[3]. Man no longer stood at the centre of the galaxy; on Earth he was merely moving in elliptic curves along the edge of a presumed, yet in its magnitude inconceivable universe. He was left to his own resources, and dependent on his interpretation of the constellations. Björn Dahlem, whose father was a physicist, has always felt driven to playful analysis of the universe and its phenomena. His sculptural objects can be space-consuming but equally – like a physical particle – astonishingly small.

However, one common feature of all his works is their use of the extremely profane, everyday materials surrounding us. Whether neon tubes, startlingly white, that may light up a space ship but also represent the sun, or assemblages of polystyrene and carpet supplemented by ordinary roof laths, which show us that an exploration of the heavens can also be essayed by combining science and philosophy with a humorous linkage of the trivial and the sublime: we stand alongside Björn Dahlem on his fitted carpet and view a black hole, greedily attracting all kinds of profane objects and seeking to consume them, e.g. shoes, records and garden tools. Here, profane does not mean the worthless or the abortive but signifies the power of the

1 Immanuel Kant, Werkausgabe, Kritik der Urteilskraft, Bd. X, Frankfurt am Main 1996, S. 180–189.
Immanuel Kant, Critique of Judgement, Oxford World's Classics, Oxford 2007, pp. 87–94.

2 Immanuel Kant veröffentlichte die Allgemeine Naturgeschichte und Theorie des Himmels oder Versuch von der Verfassung und dem mechanischen Ursprunge des ganzen Weltgebäudes nach Newtonischen Grundsätzen abgehandelt im Jahr 1755, allerdings anonym.
Immanuel Kant published his Allgemeine Naturgeschichte und Theorie des Himmels oder Versuch von der Verfassung und dem mechanischen Ursprunge des ganzen Weltgebäudes nach Newtonischen Grundsätzen abgehandelt (General Natural History and Theory of the Celestial Bodies, or An Attempt to Account for the Constitutional and Mechanical Origin of the Universe, upon Newtonian Principles) in the year 1755, albeit anonymously.

3 Björn Dahlem, Die Theorie des Himmels I/Die Milchstraße, KIT – Kunst im Tunnel, Düsseldorf, 2010/11.

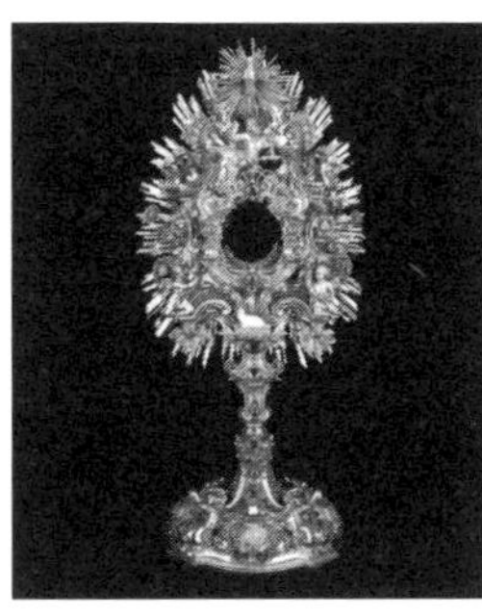

Festmonstranz des Wiener Meisters I. G. I. L. / Monstrance by the Master of Vienna I. G. I. L., 1747 St. Benediktinerstift, Admont / Admont Abbey (1074 gegründet / founded in 1074)

5

4   Vgl. Dominikus Müller, „Vom Weltraum auf die Erde und zurück – Dekonstruktion und Transformation in der Kunst Björn Dahlems", in: Die Theorie des Himmels I / Die Milchstraße, Ausst.-Kat. KIT – Kunst im Tunnel, Düsseldorf 2010, S. 8–13, hier S. 10.
  Cf. Dominikus Müller, "From Outer Space to Earth and Back: Deconstruction and Transformation in the Art of Björn Dahlem", in: Die Theorie des Himmels I / Die Milchstraße, exhib. cat. KIT – Kunst im Tunnel, Düsseldorf 2010, pp. 9–13, here p. 11.

5   Bezeichnenderweise lauten die Begriffe für Monstranz im Französischen „Custode" und im Spanischen „Custodia". Der Aspekt des Schützens und Bewachens ist hier noch deutlicher ausgeprägt als jener des Zeigens.
  Tellingly, the word for the monstrance in French is "custode" and in Spanish "custodia". Here, the aspect of protecting and guarding is more clearly pronounced than that of showing.

Loch, das gierig alle möglichen profanen Dinge anzieht und verschlucken will, wie zum Beispiel Schuhe, Schallplatten und Gartengeräte. Profan meint hierbei nicht das Wertlose, Gescheiterte, sondern vielmehr die Kraft des Alltäglichen in seiner Transformation. Dahlem sucht nicht nach der göttlichen, religiösen Offenbarung, sondern er zeigt Möglichkeiten „mentaler Habitate".[4] Der Seinszustand, oder wie Heidegger es bildhaft ausdrückte, das in der Welt sein („Geworfensein"), verortet sich im Raum. Dieser Raum ist kein freiwillig gewählter, sondern er ist an sich. Er folgt physikalischen Gesetzmäßigkeiten, welchen wir unterworfen sind. Seit der Erkenntnis, dass nicht die Sonne uns dienend umkreist, sondern wir durch die Sonne zur Rotation gezwungen sind, ist das Subjekt deplatziert, nicht mehr Zentrum des Universums. Björn Dahlems Arbeiten suchen nach einer Poetik der Physik. Er will nicht als Welterklärender agieren, sondern entfaltet Welten, die das Sein in einen Kontext stellen. Neben seinen meist schwebenden raumschiffartigen Skulpturen arbeitet Dahlem auch an mikrokosmischen Objekten, die einer Monstranz oder einem Reliquiar gleich auf einem Sockel stehen. Auch hier durchdringt er die aufgeladene Bedeutung mit profanen Materialien: So kann ein Sockel zum Beispiel ein Einmachglas oder ein anderer Gegenstand aus alltäglichem Kontext sein. Die Form der Monstranz taucht in Dahlems Werk immer wieder auf. Monstranzen, als liturgisches Schaugefäß seit dem frühen 13. Jahrhundert gebräuchlich, stellen aus und bewahren und schützen gleichzeitig.[5] Dahlem führt aus: „Der Begriff Monstranz kommt von monstrare – zeigen. Und irgendwie, denke ich, ist jedes Kunstwerk eine Art Monstranz, die uns einen Teil der Welt zeigt."[6] Und weiter: „Ich habe dieses Jahr eine Serie von Skulpturen gemacht, die *Partikel* heißen und die sich auf Nuklearteilchen und auf Modelle der Atomphysik im Mikrobereich beziehen.

everyday in its transformation. Dahlem is not looking for divinity, for religious revelation; instead, he shows possible "mental habitats".[4] The state of being, or as Heidegger expressed it so vividly, being-in-the-world ("Geworfensein"), is positioned in space. This space is not voluntarily chosen, it exists per se. It follows the laws of physics, to which we are also subject. Since man's recognition that the sun does not revolve around him, spinning in his service, but that in fact he is the one forced to rotate by the sun, the subject has been displaced – no longer at the centre of the universe. Björn Dahlem's works seek the poetics of physics. He does not attempt to act like a person explaining the world; he unfolds worlds that may offer a context for our existence. Besides his generally floating, space ship-like sculptures, Dahlem also works on microcosmic objects, which are set on pedestals like a monstrance or a reliquary. Here, too, he uses profane materials to access the charged meaning: and so a pedestal, for example, may be a pickle jar or another object from the everyday context. The form of the monstrance recurs frequently in Dahlem's work. Monstrances, used as liturgical presentation vessels since the early 13th century, exhibit and preserve and protect at the same time.[5] Dahlem explains: "The term monstrance derives from monstrare, meaning 'to show'. And somehow, I think, that every work of art is a kind of monstrance that shows us a part of the world."[6] And he goes on to say: "I made a series of sculptures this year, which is entitled *Partikel* (Particle) and which references nuclear particles and models of microscale atomic physics. The monstrance form was also produced in this context and I was curious about it myself."[7]

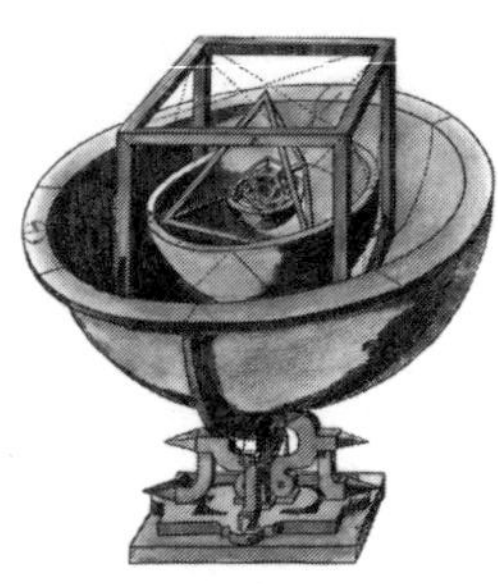

Johannes Keplers Modell des Sonnensystems/ Johannes Kepler's planetary system Farbiger Holzschnitt aus seinem Mysterium Cosmographicum/ coloured woodcut from his Mysterium Cosmographicum, 1596

6

6 Björn Dahlem in: „Die geformte Wirklichkeit. Über geistige Landschaften in Physik und Kunst. Ein Gespräch zwischen Björn Dahlem und Jochen Litterst", in: The End of It All, Ausst.-Kat. Kunstverein Braunschweig, Bönen 2013, S. 81–98, hier S. 85.
Björn Dahlem in: "Shaped Reality. On Mental Landscapes in Physics and Art. A conversation between Björn Dahlem and Jochen Litterst", in: The End of It All, exhib. cat. Kunstverein Braunschweig, Bönen 2013, pp. 99–117, here p. 103.

7 Ebd., S. 86.
Ibid., p. 105.

8 Vgl./Cf. Krzysztof Pomian, Der Ursprung des Museums. Vom Sammeln, Berlin 1998, S./pp. 30–32.

Dabei ist auch die Monstranzform entstanden und ich habe mich selbst darüber gewundert."[7]
Monstranzen sind formal häufig durch einen an die Sonne erinnernden Strahlenkranz gekennzeichnet. Das zentrale Gestirn am Himmel ist das Vorbild für die Gestaltung des Gefäßes und verweist auf die göttliche Kraft des Universums sowie auf das Strahlen der Hostie und die in ihr gespeicherte Energie. Die Vorrichtung in der Monstranz zur Befestigung der Hostie wird „Lunula" genannt, und so findet sich gleich ein weiterer Verweis auf kosmische Komponenten dieses Objekts. Sonne und Mond sind gleichermaßen Bestandteil der Gestaltung einer Monstranz, und diese beiden Gestirne spielten auch schon in den frühen Hochkulturen des Orients sowie bei den Persern und Ägyptern für die sogenannte Kosmokreatorsymbolik eine wichtige Rolle. Dies bedeutete, dass Sonne und Mond in ihrer Eigenschaft als größte Gestirne des Himmels eine Art göttlichen Status und umfassende Machtfülle symbolisierten. Aus diesem Grund setzten schon früh Könige, die sich als Vertreter der Götter sahen, diese beiden Symbole ein und verliehen ihren Machtansprüchen damit göttliche Begründung.
Fuß, Schaft und Aufsatz gehören zu den immer gleichen kompositorischen Elementen einer Monstranz. Diesen Aufbau hat Dahlem für seine Skulpturen adaptiert. Zudem fand er heraus, dass der Titel seiner Arbeit *Partikel* (2012) der Bezeichnung entsprach, die für das abgebrochene Teil einer Hostie verwendet wird. Formal, sprachlich und auch inhaltlich entsteht so ein assoziativer Zusammenhang. Antike und christliche Astralsymbolik finden sich in Dahlems Arbeiten ebenso wie Verweise auf Astronomie, Kosmologie und Philosophie. Der umfassende Ansatz Dahlems steht in enger Verbindung zu den seit der Spätrenaissance und dem Barock entstandenen Kunst- und Wunderkammern. Der universale Zusammenhang aller Dinge sollte durch Gegenstände aus verschiedenen Kontexten exemplifiziert werden, und die kosmisch-göttliche Ordnung wurde durch die verschiedenartigsten Objekte in einen assoziativen Kontext platziert. Reliquien und sakrale Gegenstände waren in den Kunst- und Wunderkammern ebenso zu finden wie naturwissenschaftliches Gerät.[8] In der Wunderkammer begegneten sich also weltliche und sakral konnotierte Gegen-

Formally, monstrances are often characterized by a ring of rays reminiscent of the sun. The central celestial body provides the pattern for the vessels' design and points to the divine power of the universe as well as to the radiant power of the host and the energy held within it. The device inside the monstrance to attach the host is called the "lunula" and here another reference may be found to the cosmic components of the object. Sun and moon are equal elements in the design of a monstrance, and these two celestial bodies also played an important part in the so-called cosmocrator symbolism of early oriental high cultures, as well as for the Persians and Egyptians. It meant that the sun and moon, as the largest celestial bodies, symbolized a kind of divine status and vast extent of power. For this reason, quite early on those kings who viewed themselves as representatives of the gods used these two symbols, so lending a divine argument to their claims to power.
Base, shaft and container are the elements composing a monstrance, and these are always the same. Dahlem adapted this construction for his sculptures. In addition, he discovered that the title of his work *Partikel* (2012) corresponded to the word used for the piece broken from the host. Formally, linguistically and in content as well, therefore, an associative context evolves. Ancient and Christian astral symbolism are found in Dahlem's works, as well as references to astronomy, cosmology and philosophy. Dahlem's comprehensive starting point is closely connected to the cabinets of curiosities and art that existed as from the Early Renaissance and the Baroque. Their aim was to exemplify the universal connection between all things by means of objects with different backgrounds, and the divine-cosmic order was placed in an associative context using a broad spectrum of objects. Reliquaries and sacred objects could be found in these cabinets of curiosities and art, as well as natural scientific apparatus.[8] In the cabinet of curiosities, therefore, objects with both sacred and mundane connotations came together as part of an integrated understanding of the world. This syncretist combination was not

9   Horst Bredekamp, Antikensehnsucht und Maschinenglauben. Die Geschichte der Kunstkammer und die Zukunft der Kunstgeschichte, Berlin 1993.

10   Horst Bredekamp und Claudia Wedepohl, Warburg, Cassirer und Einstein im Gespräch. Kepler als Schlüssel der Moderne, Berlin 2015, S. / pp. 37–44.

11   Buch der Weisheit, 11,20. Book of Wisdom, 11,20.

12   Platon verwendet den Begriff des Demiurgen für den schöpfenden Gott. Im Griechischen bedeutet Demiurg „Handwerker".
    Plato uses the term demiurge for the creative deity. In Greek the word demiurge means "craftsman".

stände als Teil eines gesamtheitlichen Weltverständnisses. Dieses synkretistische Miteinander wurde erst durch die Aufklärung aufgehoben, die die einzelnen Gebiete fein säuberlich voneinander zu trennen begann. Die Bewunderung für die von Fürsten in Kunstkammern zusammengetragenen Gegenstände lag nicht nur bei den Kunstliebhabern, sondern fand sich immer wieder auch bei den Naturwissenschaftlern. Der Kunsthistoriker Horst Bredekamp weist in seiner wichtigen Abhandlung zur Kunstkammer[9] auf die überlieferten Schriften des Naturphilosophen, Theologen und Astronomen Johannes Kepler hin, der angesichts einer mit sich bewegenden Figuren verzierten Uhr, die er in einer der Sammlungen gesehen hatte, konstatiert, die dargestellten Personen bewegten sich mit größerer Präzision als die Lebenden. Offenbar war es auch der Eindruck dieser Automaten, der Kepler dazu veranlasste, eine mechanische Umsetzung seines Kosmosmodells, der „Machina mundi artificialis", zu versuchen.[10] Das Modell sollte nicht nur die Konstellation und die Entfernungen der Planeten visualisieren und ein Geschenk für Herzog Friedrich von Württemberg sein, sondern Kepler sah gar eine Nutzung als Pokal vor. Keplers Entwurf seines Kosmosmodells war letztlich eine radikalisierte Weiterentwicklung jener mechanistischen Tradition des 16. Jahrhunderts, die sich auf die alttestamentliche Preisung Gottes berufen konnte: „Du hast alles nach Maß und Zahl und Gewicht geordnet."[11] Die Kunst- und Maschinentheoretiker der Renaissance hatten durch diese Bibelstelle ein gewichtiges Argument, die Natur im Einklang mit Platons Vorstellung des durch Zahlen und Proportionen generierten Kosmos als ein mathematisch durchdrungenes Gebilde zu verstehen, das von sich aus die Einheit von Mathematik, Kunst und Mechanik erforderte. Nach Platon sind Feuer, Luft, Wasser und Erde die vier Grundformen der vom Demiurgen[12] gestalteten Materie, die sich mit Ausnahme der Erde ineinander umwandeln können. Diese vier Elemente bestehen aus vier Arten von regelmäßigen Polyedern, die sich ihrerseits aus zwei Arten von kleinen rechtwinklig-gleichschenkligen Dreiecken – einer Art geometrischer Atome – zusammensetzen. Die Elementardreiecke sind als

abandoned until the Enlightenment, which began to meticulously separate the individual fields from one another. Not only art lovers but also many natural scientists admired the objects that princes had collected in their cabinets of curiosities. In his important treatise on such cabinets, art historian Horst Bredekamp[9] points to the legacy of writings by natural philosopher, theologist and astronomer Johannes Kepler, who maintained when regarding a clock embellished with moving figures – which he had seen in one such collection – that the people depicted there moved with greater precision than the living. It was clearly also the impression made by this automaton that motivated Kepler to attempt a mechanical realization of his model of the cosmos, the "machina mundi artificialis".[10] The model not only aimed to visualize the constellations and distances between the planets, presented as a gift to Duke Friedrich von Württemberg; Kepler even conceived a use for it, as a chalice. Kepler's design of his model of the cosmos, ultimately, was a more radical development of the 16th-century mechanistic tradition, which could be referred back to the Old Testament praise of God: "Thou hast ordered all things in measure and number and weight."[11] The art and mechanical theorists of the Renaissance borrowed a powerful argument from this Bible passage with which to understand nature – in accordance with Plato's idea of the cosmos generated via numbers and proportions – as a mathematically permeated configuration, which commanded the unity of mathematics, art and mechanics in itself. According to Plato, fire, air, water and earth are the four basic forms of matter created by the demiurge[12], which – with the exception of earth – are all capable of transforming into each other. These four elements consist of four types of regular polyhedrons, which comprise in their turn two types of small right-angled, equal-sided triangles – a kind of geometrical atom. As the simplest of geometric figures, the elementary triangles are the basic components from which, in varying combinations, the diversity of material objects

einfachste geometrische Figuren die Grundbausteine, aus deren unterschiedlichen Kombinationen sich die Vielfalt der materiellen Objekte ergibt, etwa die Aggregatzustände des Wassers oder die Abstufungen des Festen von Erde zu Stein.[13] Mit dieser Kosmologie gehört Platon zu den Schöpfern der Vorstellung einer atomaren Struktur der Materie und der Elemente und ist der Begründer eines mathematischen Atomismus. Dahlem hat sich mit unterschiedlichen historischen Welterklärungsmodellen auseinandergesetzt. So führt er seine eigene Formensprache auf ein eher platonisches Modell zurück, was sich formal anhand der von ihm entworfenen Podeste für seine Installationen überprüfen lässt. Immer wieder tauchen Bezüge zu platonischen Körpern auf, und insbesondere das Dodekaeder hat Dahlem in seiner philosophischen Bedeutung nachhaltig beschäftigt. Der Kunstbegriff der historischen Kunstkammern war sehr fluide und bezog die unterschiedlichsten Objekte in die Präsentation mit ein. Die Artefakte konnten einem künstlerisch-kunsthandwerklichen Kontext ebenso entstammen wie der Natur oder den Wissenschaften. Physikalische Kabinette waren häufig Bestandteil der Kunstkammern und enthielten Messgeräte, mathematische Modelle und physikalische Versuchsanordnungen. Dahlems Atelier ist die zeitgenössische Variante eines physikalischen Kabinetts. Spielerisch kombiniert er Alltägliches mit Erhabenem.

emerges, e.g. the aggregate states of water or graduations of solid from earth to stone.[13] This cosmology puts Plato among the instigators of the idea of matter and its elements having an atomic structure, and makes him the founder of a mathematical atomism. Dahlem has investigated a range of different historical models to explain the world. And so he sees his own formal language as being derived from a rather Platonic model, which can be demonstrated on the basis of the pedestals he designs for his installations. Repeatedly, references to Platonic bodies appear, and in particular the philosophical significance of the dodecahedron has represented one of Dahlem's enduring interests. The art concept of those historical cabinets of curiosities was very fluid, incorporating a wide range of objects into their presentation. The artefacts might come from the context of art and crafts, but also from the natural world or the sciences. Physical cabinets were often components of such cabinets of curiosities containing measuring instruments, mathematical models and physical experimental set-ups. Dahlem's studio is the contemporary variant of such a physical cabinet. Here, he combines the everyday with the sublime in a playful manner.

13 Vgl. Platon, Timaios, 31b–36d.
    Cf. Plato, Timaios, 31b–36d.

Anne Bitterwolf

VON TEILCHEN UND RAUMSCHIFFEN: ZUR EVIDENZ DER BILDER BJÖRN DAHLEMS

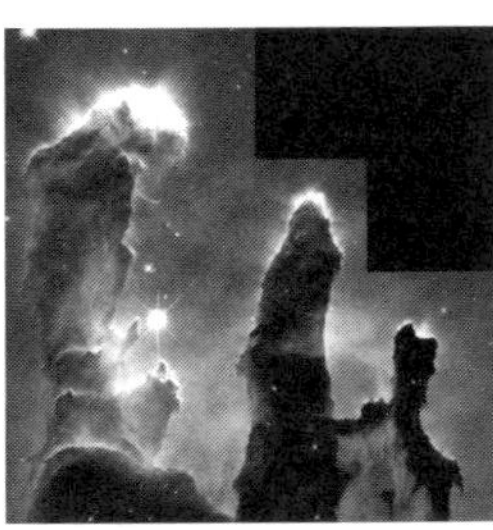

Säulen der Schöpfung/
Pillars of Creation, 1995
Falschfarbendarstellung/
false-colour picture

9

1   Clemens Voigt, „Einmal zum Mars – und nie mehr zurück", in: Frankfurter Allgemeine Zeitung, 17.2.2015.

„Die Marsbewohner, sie sind unter uns", beginnt im Februar 2015 ein Artikel der *Frankfurter Allgemeinen Zeitung.*[1] Beschrieben wird das Vorhaben von 24 Menschen, im Jahr 2025 als erste Erdbewohner den Mars zu betreten. Initiiert von einer privaten niederländischen Stiftung soll dort eine Siedlung errichtet werden, inklusive Energie- und Wasserversorgung sowie Obst- und Gemüseanbau. Die Rückkehr ist ausgeschlossen, die Ressourcen für den Bau einer neuen Rakete werden nicht mitgeliefert. Verträge mit den mittels eines mehrstufigen Auswahlverfahrens bereits gecasteten Kandidaten gibt es noch nicht, wohl aber Gespräche mit der TV-Produktionsfirma Endemol, verantwortlich unter anderem für *Big Brother.* Die Kolonialisierung des Weltraums kann beginnen, und wir sind live dabei.

Mit Beginn des sogenannten Space Age, jener Zeit seit der Initiierung von Sputnik I im Jahr 1957, haben Bilder des Kosmos unsere Utopievorstellungen und unser kollektives Bildgedächtnis geprägt. Das Foto des Blauen Planeten aus dem Weltall ist ebenso zur Ikone geworden wie die Bilder der Mondlandung oder die „Säulen der Schöpfung", die Aufnahme des Adlernebels durch das Hubble-Teleskop im Jahr 1995. Zahlreiche Künstler, Architekten und Designer haben sich von der Raumfahrt inspirieren lassen, man denke etwa an die als Googie bezeichnete Design- und Architekturströmung, die vor allem amerikanische Motels, Drive-in-Restaurants und Tankstellen mit ihrer futuristischen Formensprache prägte und den als Space Needle bekannten Aussichtsturm in Seattle hervorbrachte.

Auch Björn Dahlem beschäftigt sich intensiv mit dem Weltall: In der Berlinischen Galerie hat er gar ein Raumschiff landen lassen. Sein Interesse gilt jedoch nicht der Imitation der raumfahrt-typischen Ästhetik. Im Gegensatz zu den Hightech-Materialien, die man üblicherweise mit den zukunftsorientierten Weltallmissionen in Verbindung bringt, verwendet er für seine Arbeiten auffällig einfache, unprätentiöse Materialien.

PARTICLES AND SPACE SHIPS: ON THE EVIDENCE OF IMAGES BY BJÖRN DAHLEM

"The Martians are among us", as an article published in the *Frankfurter Allgemeine Zeitung* in February 2015 informs us.[1] It describes 24 individuals' intention to be the first inhabitants of Earth to land on Mars in the year 2025. Initiated by a private Dutch foundation, the aim is to build a settlement there, inclusive of energy and water supplies, as well as the cultivation of fruit and vegetables. Returning to Earth will be out of the question, as resources to construct a new rocket are not part of the package. As yet, no contracts have been completed with the candidates already cast in a several-stage selection process, but there have been talks with the TV production company Endemol, responsible for *Big Brother,* among other programmes. Let the colonialization of space begin, and we are sure to be live on the spot.

Since the start of the so-called Space Age, the era after the launch of Sputnik I in 1957, images of the cosmos have shaped our ideas of utopia and our collective pictorial memory. The photo of the Blue Planet seen from space has become an icon, just like images of the moon landing or the "Pillars of Creation", the shot of the Eagle Nebula taken by the Hubble telescope in 1995. Numerous artists, architects and designers have been inspired by space travel; one recalls the trend in design and architecture known as Googie, for example, which influenced primarily American motels, drive-in restaurants and filling stations with its futuristic formal language and led to the viewing tower in Seattle christened the Space Needle.

Björn Dahlem also demonstrates an intense interest in outer space: he has even had a space ship land in the Berlinische Galerie. But his concern does not lie with imitation of the aesthetics typical of space travel. By contrast to the high-tech materials that one generally associates with future-oriented missions into outer space, he uses strikingly simple, unpretentious materials for his works. Plywood, polystyrene, light bulbs and neon tubes – it is impossible to overlook the mundane nature of these products, which are readily available

Sperrholz, Styropor, Glühbirnen und Neonröhren – die Profanität dieser überall leicht erhältlichen Produkte ist nicht zu übersehen. Sie wuchern und mäandern, verdichten sich zu eigentümlichen Gebilden von hoher Komplexität und zugleich erstaunlich klarer Strukturiertheit. Sie dienen dem Künstler zur Erforschung und Visualisierung des im wahrsten Sinne des Wortes immer noch Unbegreiflichen, Unfassbaren: dem Weltall wie auch der Teilchenphysik, dem zweiten großen Interessengebiet Dahlems, Mikro- und Makrokosmos.

Dahlems Arbeiten sind keinesfalls als Versuche zu verstehen, wissenschaftliche Erkenntnisse zu veranschaulichen oder lediglich eine alternative Darstellungsweise für Theorien aus Physik und Astronomie zu finden. Viel mehr als für die (vermeintlich) geklärten Fragen interessiert er sich für Widersprüche und das Unerklärbare, für das, was von der Wissenschaft nicht als bildwürdig erachtet wird. Und aber auch: für das, was ihn schlichtweg fasziniert, zum Staunen bringt und nach einer genuin eigenen Ausdrucksform verlangt, völlig unabhängig von den normierten bildgebenden Verfahren anderer Disziplinen. Denn: Astronomie und Physik kommen, wie die meisten Wissenschaften, nicht ohne Bilder aus. Sie können in verschiedensten Formen auftreten, als Fotografie oder Diagramm, als Illustration oder Karte, als Visualisierung von Daten, als Übertragung theoretischer Strukturen in visuelle. Gerade Wissenschaftsbereiche, deren Gegenstände nicht durch direkte Anschauung untersucht werden können, bedienen sich einer Vielzahl von Visualisierungsverfahren. Trotzdem werden Bilder häufig lediglich als Werkzeuge begriffen, als Mittel, um bereits anderweitig generiertes Wissen zu veranschaulichen. Diese Tendenz zu hinterfragen und Bildlichkeit als genuines Erkenntnismittel zu begreifen, das „Wissen zuallererst [...] ermöglich[t]",[2] war in den letzten Jahren ein verstärktes Anliegen der Bildwissenschaften. Dahlem versteht seine Arbeiten genau so: Sie sind originäres Ausdrucksmittel einer Beschäftigung mit dem jeweiligen Sujet und stellen eine spezifische, eigenständige Form des Wissens und der Spekulation dar.

Seine skulpturalen und installativen Arbeiten haben auf materieller Ebene zunächst keinen Bezug zur Wissenschaft, obgleich sie strukturell zum Teil an Versuchsaufbauten erinnern, wie man sie aus dem Physikunterricht oder von einem Hobbyastronomen zu kennen glaubt. Die auch für ihn so zentrale

everywhere. They seem to grow rampant, meandering and concentrating into strange configurations of great complexity but still with astonishingly clear structures. They aid the artist in his quest to explore and visualize the as yet incomprehensible, the intangible, in the literal sense of the word: outer space as well as particle physics, Dahlem's second major field of interest, the micro- and the macrocosm.

Dahlem's works are not to be understood, by any means, as attempts to visualize scientific insights or merely to find an alternative way of representing theories from physics and astronomy. He is much less interested in the (supposedly) explained questions than in contradictions and the inexplicable, in whatever science fails to regard as worthy of the image. But he also examines matters that simply fascinate or astonish him, thus demanding a genuinely unique form of expression that is completely independent of the standardised image-creating processes of other disciplines: because astronomy and physics, like most sciences, cannot exist without images. They appear in extremely diverse forms, as photographs or diagrams, as illustrations or maps, as the visualization of data, or as a transposition of theoretical structures onto the visual plane. Particularly those fields of science whose objects cannot be investigated via direct observation make use of a large number of visualization processes. Nonetheless, images are often understood merely as a tool, as a means by which to visualize knowledge already generated elsewhere. Questioning this tendency and grasping iconicity as a genuine means of insight, which "first of all [...] enables knowledge",[2] has been a heightened aim of the iconographic sciences in recent years. Dahlem understands his works in the same way: as an original means through which he can express his handling of the subject in question – and so they constitute a specific, independent form of both knowledge and speculation.

Initially, his sculptural works and installations have no reference to science on a material level, although some are structurally reminiscent of the kind of experimental set-ups one seems to remember from physics lessons or hobby astronomists. By contrast, the drawing that is equally central to his work has a long tradition as a medium of thought: in Italian, the concept of "disegno" not only refers to drawing but also includes the suggestion of ideas developing shape. Even during the Renaissance it served artists like Albrecht Dürer or Leonardo da Vinci

10

2   Vgl. zum Beispiel das Forschungsprogramm der Kolleg-Forschergruppe BildEvidenz der Freien Universität Berlin: bildevidenz.de/forschung.
Cf. for example, the research programme of the Center for Advanced Studies BildEvidenz at the Freie Universität Berlin: bildevidenz.de/en/research/.

3 Vgl. / Cf. Peter Geimer (Hg. / ed.), Ordnungen der Sichtbarkeit. Fotografie in Wissenschaft, Technologie und Kunst, Frankfurt / Main 2002, S. / p. 286.

4 Norman Sieroka, Philosophie der Physik. Eine Einführung, München / Munich 2014, S. / p. 45.

Zeichnung hingegen hat eine lange Tradition als Medium des Denkens: Der Begriff „Disegno" meint im Italienischen nicht nur Zeichnung, sondern es schwingt ebenso die Bedeutung der Gestalt gewordenen Idee mit. Bereits in der Renaissance diente sie Künstlern wie Albrecht Dürer oder Leonardo da Vinci zur Erforschung der Natur ebenso wie als künstlerisches Ausdrucksmittel. Damit wird die Zeichnung im 15. und 16. Jahrhundert als Grundlage verschiedenster menschlicher Tätigkeiten etabliert – der Wissenschaft ebenso wie der Künste und des Handwerks. Dahlems Zeichnungen können eigenständige Werke sein oder sich an einer Grenze bewegen: Dann sind sie Vorstudien für skulpturale oder installative Arbeiten, dienen dem Ausloten von Möglichkeiten, der Niederschrift von Zusammenhängen oder als visuelles Forschungsmedium.

Die Naturwissenschaften sind seit Mitte des 19. Jahrhunderts von einem Ideal der Objektivität geprägt, das zu erreichen man sich vor allem von mechanischen Aufzeichnungsverfahren versprach, die es der Natur vermeintlich ermöglichten, sich selbst in die jeweiligen Abbildungen einzuschreiben.[3] Die bisher als Stärken angesehenen Eigenschaften von Zeichnungen wie ihr Konnex zur Urteilsfähigkeit des jeweils Zeichnenden wurden fortan als negativ bewertet. Die Zeichnung galt nun als Medium, das besonders geeignet sei, ein Ideal zu repräsentieren, das so in der Natur gar nicht vorkommt. Technische Medien wie die Fotografie hingegen wurden für ihre direkte, indexikalische Verbindung zwischen wissenschaftlichem Untersuchungsgegenstand und Abbild geschätzt. Häufig übersehen wurde jedoch, dass auch die nun präferierten „objektiven" Medien durchaus auf menschliche Entscheidungen und Eingriffe angewiesen waren – sei es beispielsweise durch die Auswahl des entsprechenden Ausschnitts oder im Zuge der Durchführung jener mechanischen Drucktechniken, welche die Aufnahmen zur Vervielfältigung und Veröffentlichung brachten.

In den Naturwissenschaften und speziell in der Physik hat sich seit dem 19. Jahrhundert zudem die Tendenz entwickelt, im Zuge ihrer Mathematisierung Komplexität zu reduzieren, um diese besser handhabbar zu machen. „Die Physik entfernte sich immer

as a means of investigating nature as well as artistic expression. In this way, drawing was established as the foundation to a wide range of human activities in the 15th and 16th centuries – to science as well as the arts and handicrafts. Dahlem's drawings can be independent works, but sometimes they function along a borderline: then, they are preparatory studies for sculptural works or installations, helping him to sound out possibilities, to record contexts, or as a medium of visual research.

Since the mid-19th century, the natural sciences have been characterized by an ideal of objectivity, with scientists promising themselves that this can be achieved primarily by using mechanical recording methods, which supposedly enable nature to inscribe itself into the relevant illustrations.[3] The qualities of drawing previously regarded as strengths, like its link to the draughtsman's capacity for judgement, have been considered negative from that time onward. Instead, drawing came to be seen as a medium particularly suited to the representation of an ideal which does not occur in nature at all. Technical media such as photography, by contrast, were appreciated for the direct, indexical link they created between the object of scientific investigation and the image. However, there was a tendency to overlook the fact that those now preferred, "objective" media were definitely also dependent on human decisions and interventions – whether through selection of the corresponding sections, for example, or during the realization of those mechanical printing techniques that led to the duplication and publication of photographs.

In the natural sciences, and specifically in physics, a tendency has developed since the 19th century to reduce its complexity through the course of mathematization, in order to make the subject easier to handle. "Physics is moving further and further away from a description of direct perceptions,"[4] which has led to a decrease in its

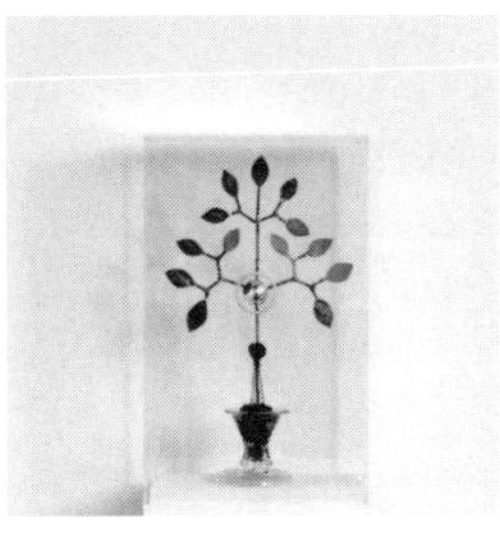

Björn Dahlem, Higgs Boson, aus der Serie / from the series: Partikel, 2012
Holz, Stahl, Glas, Christbaumkugeln, Kieselstein, Cocktailkirschen, Lack / wood, steel, glass, Christmas tree baubles, pebble stone, cocktail cherries, lacquer
49 × 25 × 22 cm

12

5   Dieter Mersch, „Naturwissenschaftliches Wissen und bildliche Logik", in: Martina Heßler (Hg. / ed.), Konstruierte Sichtbarkeiten. Wissenschafts- und Technikbilder seit der frühen Neuzeit, München / Munich 2006, S. / pp. 405–420, hier / here S. / p. 408.

6   Vgl. „Die geformte Wirklichkeit. Über geistige Landschaften in Physik und Kunst. Ein Gespräch zwischen Björn Dahlem und Jochen Litterst", in: The End of It All, Ausst.-Kat. Kunstverein Braunschweig, Bönen 2013, S. 81–98, hier S. 94.
Cf. "Shaped Reality. On Mental Landscapes in Physics and Art. A Conversation between Björn Dahlem and Jochen Litterst", in: The End of It All, exhib. cat. Kunstverein Braunschweig, Bönen 2013, pp. 99–117, here p. 111.

mehr davon, eine Beschreibung des direkt Wahrgenommenen zu sein",[4] was zu einem Verlust an Anschaulichkeit führte. Zunehmend kam es dafür zu Aussagen statistischen Charakters, die zwar der jeweiligen Sache dienlich sind und oft auch zu einer besseren Begreifbarkeit führen, zugleich jedoch Phänomene nur schwer visualisierbar machen. Mit genau dieser Problematik beschäftigt sich Björn Dahlem beispielsweise in seiner Serie *Partikel* (2012), deren Sujet die als kleinste Elemente in der Physik nur indirekt durch Messdaten nachzuweisenden Teilchen sind, für die Dahlem eine ganz eigene, sinnlich-gegenständliche Ausdrucksform gefunden hat. Speziell in den letzten Jahrzehnten haben in den (Natur-)Wissenschaften jene Visualisierungen an Bedeutung gewonnen, die auch als „errechnete Bilder" bezeichnet werden. Sie sind wie im Fall der Bilder von Teilchen keine Repräsentationen in dem Sinne, dass es einen direkten referenziellen Bezug, eine Ähnlichkeit, zwischen Bild und Abbild gäbe. Sie vergrößern beispielsweise nicht ein Objekt wie in der klassischen Lichtmikroskopie, sondern entwickeln sich aus mathematischen Berechnungen oder Beschreibungen über Mittelwerte. Dieter Mersch bezeichnet diese Bildkultur der Digitalisierung als „artifizielle Sichtbarmachung", die „aus dem Bild eine Rechnung macht, der kein sinnliches Korrelat mehr zukommt".[5]
Diesen verschiedenen Verbildlichungstypen gemein ist, dass sie im Kontext der Naturwissenschaften häufig den – auch von außen herangetragenen – Anspruch stützen sollen, „die Wirklichkeit" wiederzugeben. Dahlem geht darauf in seinem Gespräch mit dem Physiker Jochen Litterst ein.[6] Bildern kommt zur Stützung von wissenschaftlichen Thesen insofern eine besondere Rolle zu, als sie sich durch eine spezielle Evidenz auszeichnen – sie beglaubigen das diskursiv Erarbeitete, ohne selbst argumentativ sein zu müssen, sie überzeugen durch Anschauung auf den ersten Blick. Die Bilder, auf denen die Vorstellungen des interessierten Laien von Physik oder Astronomie beruhen, verdeutlichen auf besondere Weise, wie eine flüchtige Beschäftigung mit einem Sujet vermeintlich eindeutige und auf den zweiten Blick doch interpretierbare und erläuterungsbedürftige Informationen liefert: Die farbenprächtigen Falschfarbendarstellungen des Hubble-Teleskops beispielsweise sind ursprünglich aus

graphic quality. Instead, there has been an increase in statements of a statistical character, which serve the relevant purpose, certainly, and often lead to a greater possibility of understanding; at the same time, however, they make it very difficult to visualize the phenomena in question. Björn Dahlem concerns himself with these very problems in his series *Partikel* (2012), for example: the works concern particles whose existence can be proven only indirectly by measuring data, as they are the smallest elements in physics. Dahlem has found his own, sensory-objective form of expression for these tiny elements. Particularly in the last decades, visualizations also referred to as "calculated images" have become important in the (natural) sciences. As with images of particles, they are not representations in the sense that there is a direct referential link, a similarity, between the image and the reproduction. They do not, for example, enlarge an object as in classical light microscopy; instead, they are developed from mathematical calculations or descriptions via expectations. Dieter Mersch terms this image culture of digitalization "artificial visualization", which "makes the image into a calculation, no longer drawing on any form of sensory correlation."[5]
These various types of visualization have one thing in common: in the context of the natural sciences their intent is often to support a claim – introduced from outside as well – to reproduce "reality". Dahlem elucidates this in his conversation with physicist Jochen Litterst.[6] A special role is attributed to images in support of scientific theses, insofar as they are characterized by a specific evidence – they authenticate what has been prepared discursively without the need to be argumentative in themselves; they are immediately convincing through observation. In particular, the images on which the interested layman's ideas in the fields of physics or astronomy are based show how a passing interest in a subject may glean information that is apparently quite clear but is open to interpretation

7   Jochen Henning, „Lokale Bilder in globalen Kontroversen: Die heterogenen Bildwelten der Rastertunnelmikroskopie", in: Markus Buschhaus und Inge Hinterwaldner (Hg. / ed.), The Picture's Image. Wissenschaftliche Visualisierung als Komposit, München / Munich 2006, S. / pp. 243–259, hier / here S. / p. 258.

8   Vgl. Donna Haraway, „Situiertes Wissen. Die Wissenschaftsfrage im Feminismus und das Privileg einer partialen Perspektive", in: Carmen Hammer (u. a.) (Hg.), Die Neuerfindung der Natur. Primaten, Cyborgs und Frauen, Frankfurt am Main 1995, S. 73–97, hier S. 79.
     Cf. Donna Haraway, "Situated Knowledges: The Science Question in Feminism and the Privilege of Partial Perspective", in: Feminist Studies, Vol. 14, No. 3 (Autumn, 1988), pp. 575–599, here p. 580.

Digitaldaten berechnete Schwarz-Weiß-Aufnahmen, denen erst nachträglich auf der Erde von Wissenschaftlern Farben zugewiesen und die häufig – wie im Fall der berühmten Adlernebel-Aufnahme – aus verschiedenen Bildern zusammengesetzt werden. Und in Bezug auf die Rastertunnelmikroskopie führt Jochen Henning an: „Obwohl alle [...] Protagonisten an der Entwicklung und der Verbreitung der Methode von Anbeginn beteiligt waren, sie sich auf Tagungen regelmäßig trafen und im informellen Austausch standen, entstand eine vielfältige Bildgestaltung. [...] Die Bildgestaltung ist ein Einfallstor kultureller und persönlicher Faktoren in die naturwissenschaftliche Praxis."[7] Gerade in Bezug auf die Produktion von Bildern bei wissenschaftlichen Untersuchungen, welche vorgeben, durch einen exakt protokollierten Ablauf zu jeder Zeit und von jeder beliebigen Person reproduzierbar zu sein, zeigte Donna Haraway auf, warum den hierbei verwendeten Technologien keine Neutralität unterstellt werden darf. Denn Visualisierungsapparate wie das Hubble-Teleskop offenbaren ihre Prämissen und ihre Funktionsweise nicht in ihren Bildern. Hinzukommend – so Haraway – bedienen sich diese Technologien eines sogenannten „göttlichen Tricks": Sie geben vor, „von oben" und „unmarkiert" alles von einem Nullpunkt aus sehen zu können, der scheinbar die Perspektive des Forschers, seine Körperlichkeit oder sein Interesse in der Visualisierung des Untersuchungsgegenstands ausblendet. Durch diese Verschleierung werden wissenschaftliche Diskurse geprägt, wobei die Bilder und die ihnen zugrunde liegenden Technologien entscheidende Agenten sind: Objektivitätslehren begründen im Dienste hierarchischer und positivistischer Ordnungen, was als Wissen gelten darf.[8]

Björn Dahlem entwirft mit seinen so überaus poetisch anmutenden Arbeiten eine Erweiterung dessen, was wir uns üblicherweise als Wissen erzählen. Seine Werke changieren zwischen Utopie und Profanität, ohne je pathetisch zu wirken. Durch seine entschiedene Entwicklung einer ganz eigenen Bildsprache, die sich jeder Kategorisierung verweigert und in verschiedenen Medien ihren Ausdruck findet, gelingt ihm das Erstaunliche: Er entzieht sich der repräsentativen Bildlogik, die sowohl die Naturwissenschaften wie auch unseren Alltag prägt, und entwickelt eine eigene, offene Narration: Neue Denk- und Freiräume entstehen, ohne dass dafür die Eroberung eines fremden Planeten nötig wäre.

on second glance, requiring clarification: the splendid, colourful false-colour pictures taken by the Hubble telescope, for example, were originally black and white shots calculated from digital data, coloured in retrospect by scientists on Earth and often – as in the case of the famous Eagle Nebula photo – assembled from different images. And with reference to raster tunnel microscopy, Jochen Henning maintains: "Although all the [...] protagonists in the development and distribution of the method were involved from the very beginning, meeting regularly at conferences and conducting informal exchanges, the emerging image creation was highly diverse. [...] Image creation is a gateway for cultural and personal factors in natural scientific practice."[7] In regard to the production of images during scientific investigations that claim to be reproducible by any arbitrary individual at any time because of their precisely recorded procedure, Donna Haraway demonstrates why the technologies used in this context cannot be assumed to operate with neutrality. Visualization apparatuses like the Hubble telescope do not reveal their premises and mode of functioning in the images they create. In addition – according to Haraway – these technologies make use of a so-called "god trick": they pretend to be able to see everything "from above" and "unmarked", from a zero point that supposedly cuts out the researcher's perspective, his corporeality or his interest in visualizing the object under examination. Scientific discourse is influenced by this obfuscation, whereby images and the technologies they are based on prove to be decisive agents: theories of objectivity establish what may be regarded as knowledge in the service of hierarchic and positivist orders.[8]

Björn Dahlem's works appear extremely poetic: through them, however, he is able to conceive a wider view of what we generally term knowledge. His works fluctuate between the utopian and the profane without ever resorting to pathos. By decisively developing a pictorial language of his own that evades categorization and is expressed through a range of media, he succeeds in something astonishing: he avoids the representative iconographic logic that shapes both the natural sciences and our everyday world and so generates his own, open narration. New freedom and space for thought can thus evolve without the need to conquer a strange planet.

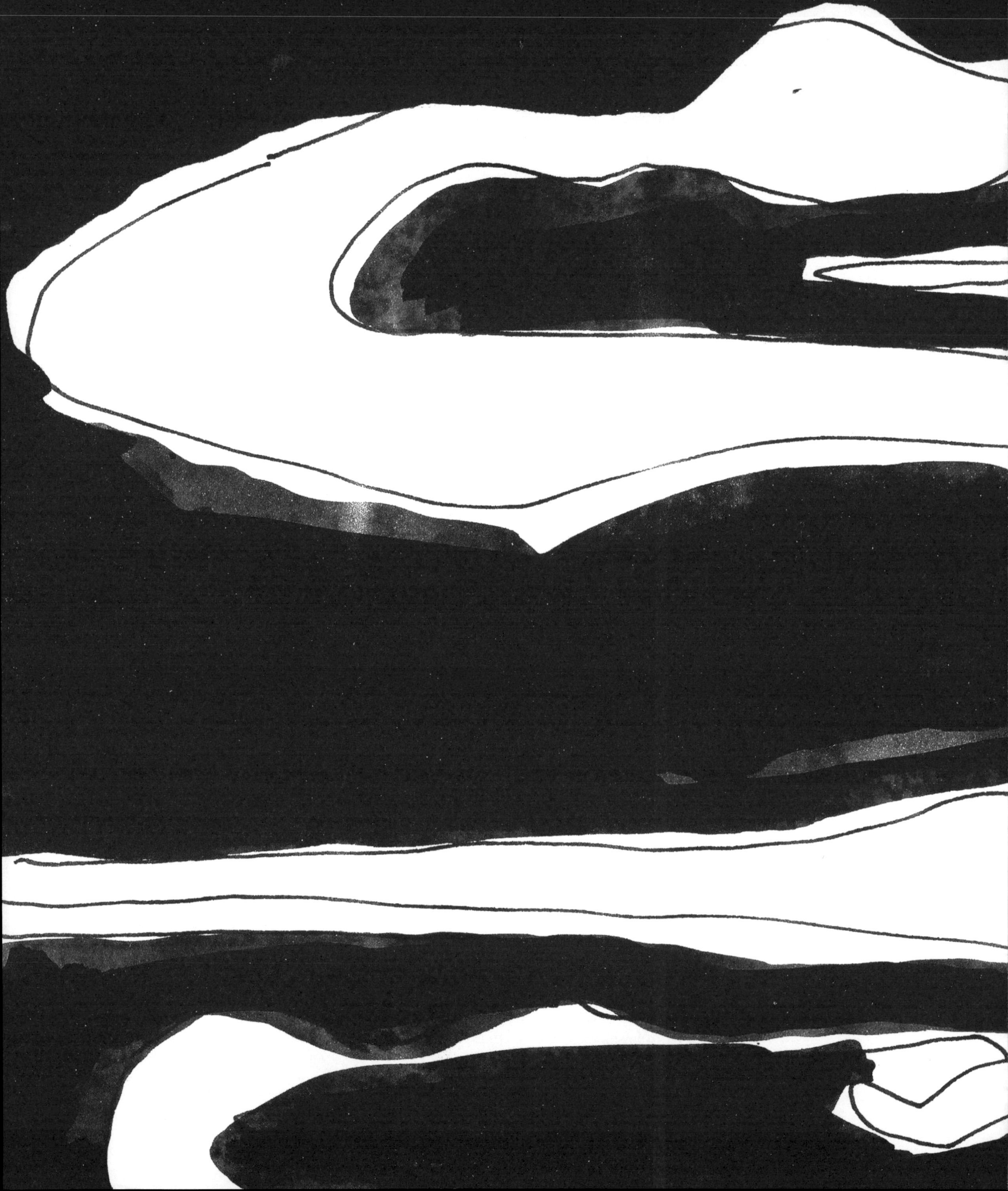

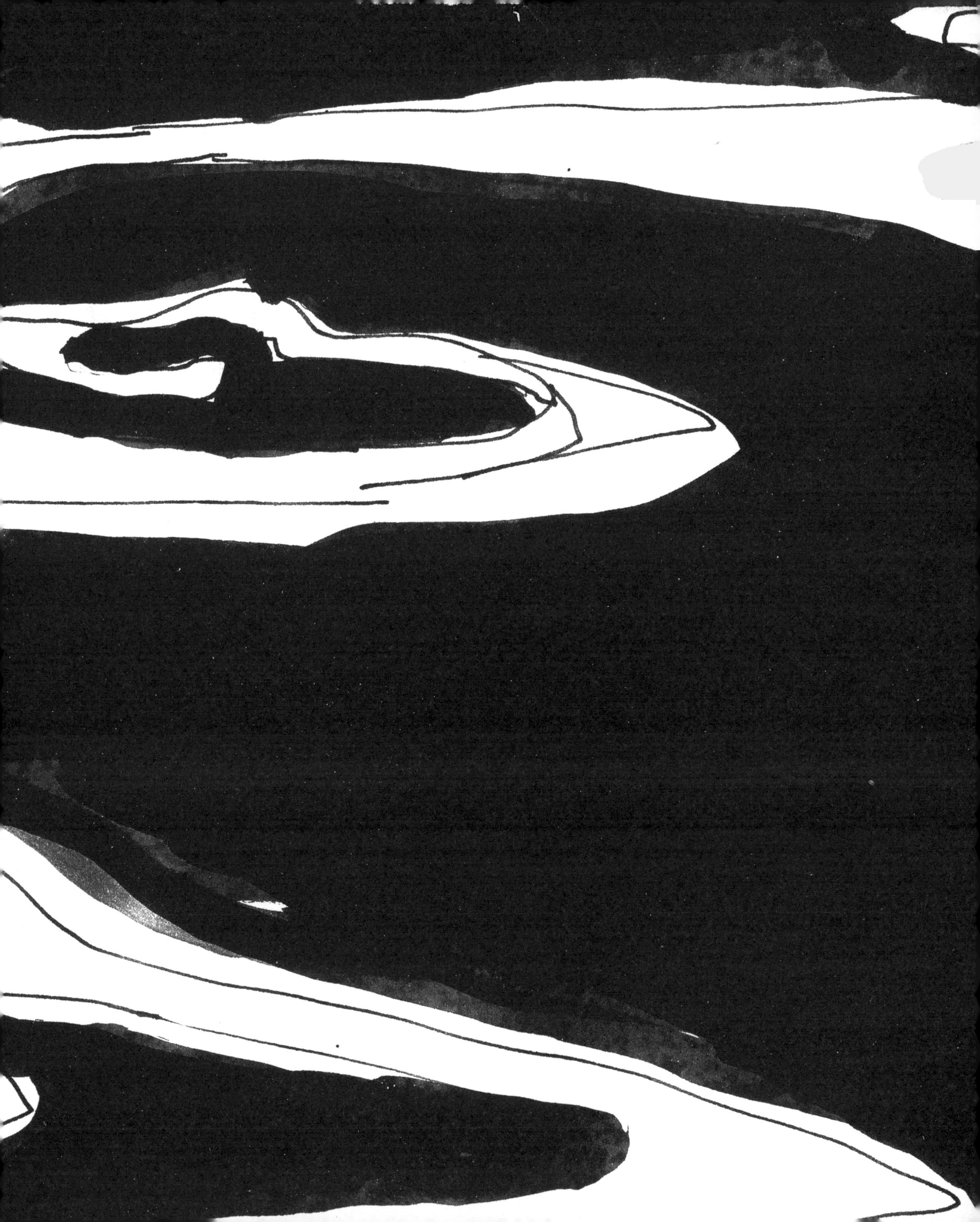

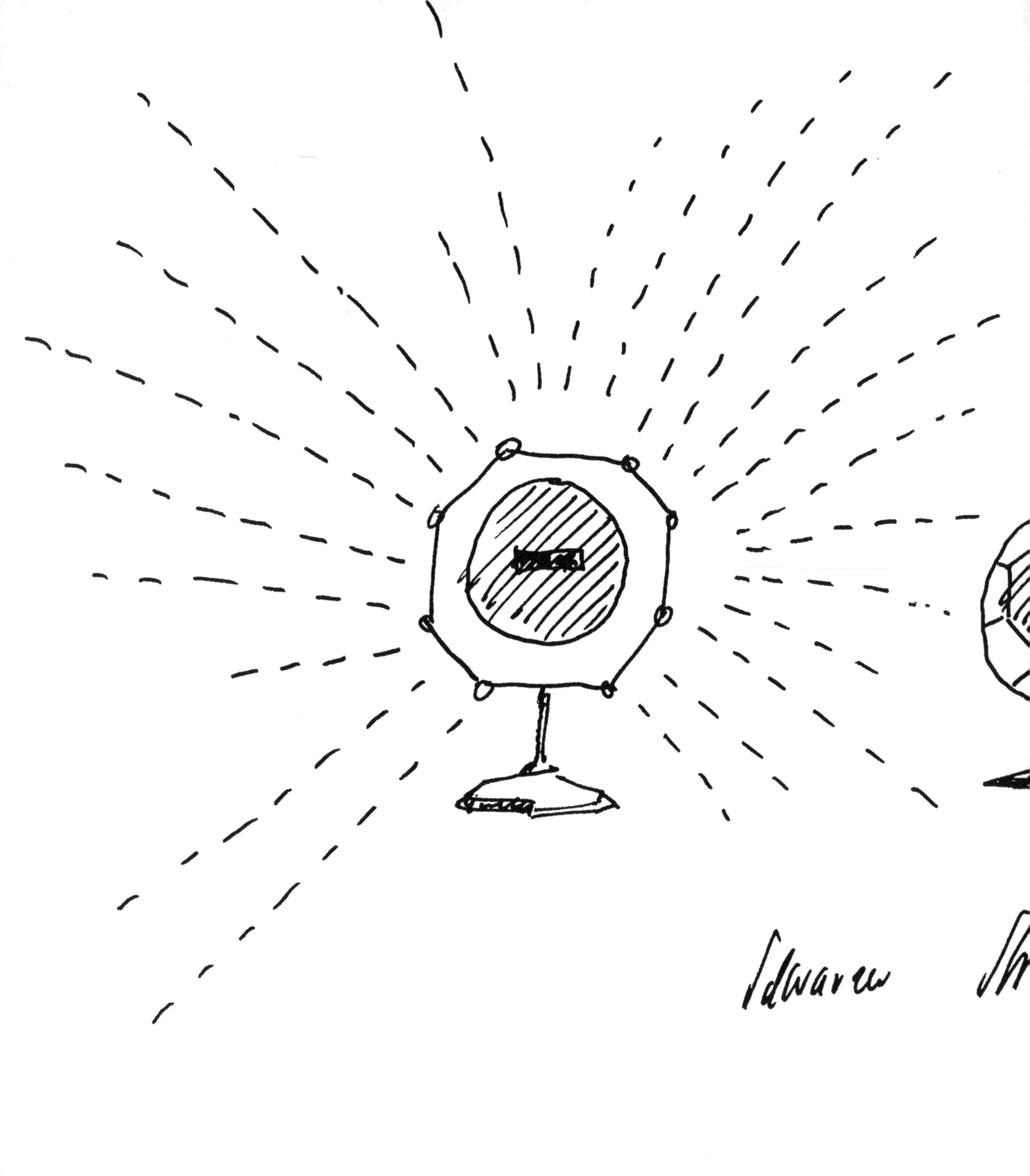
Ichwarew

Phasenraum
Inward / Escape on
unstable manifold

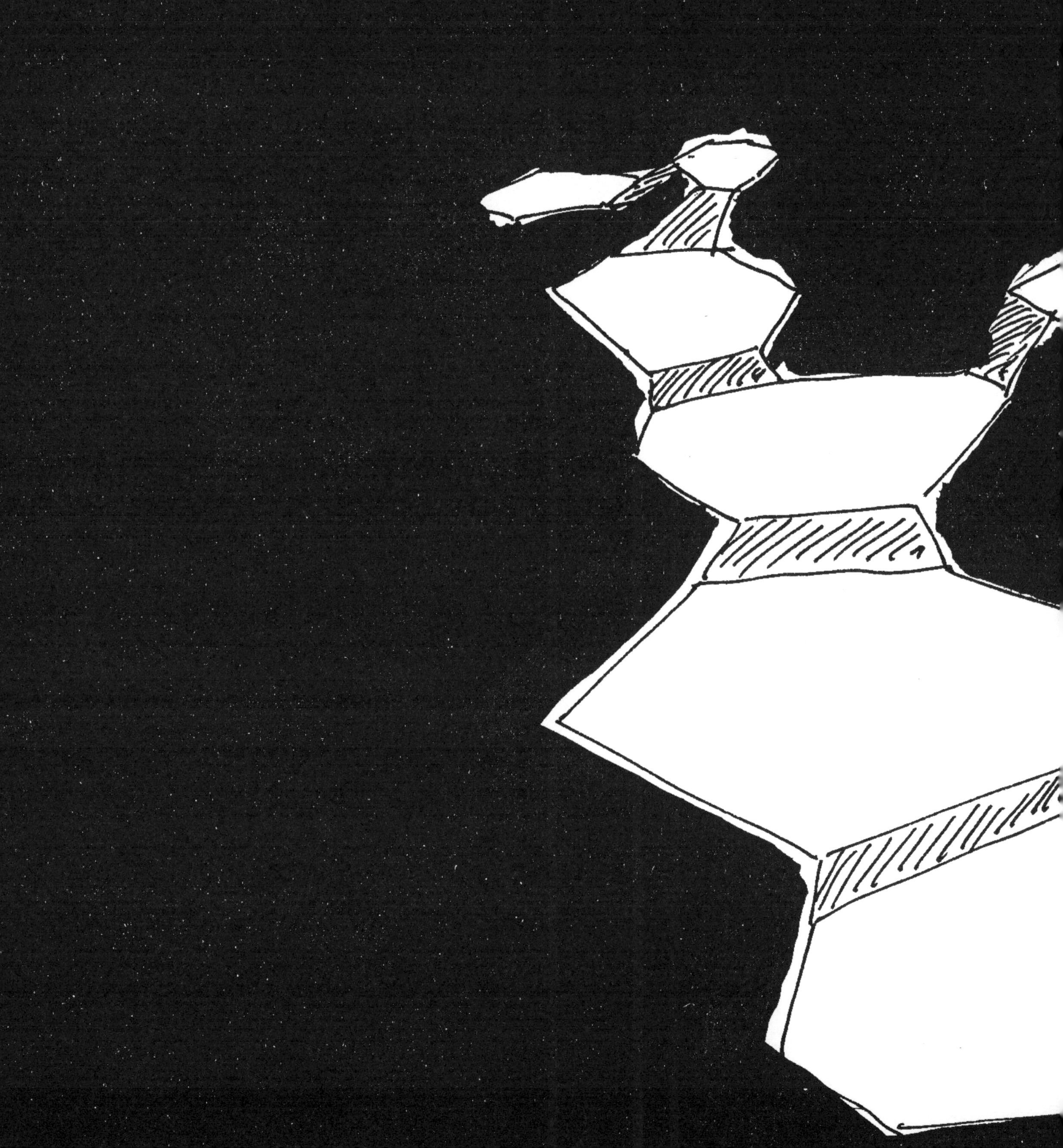

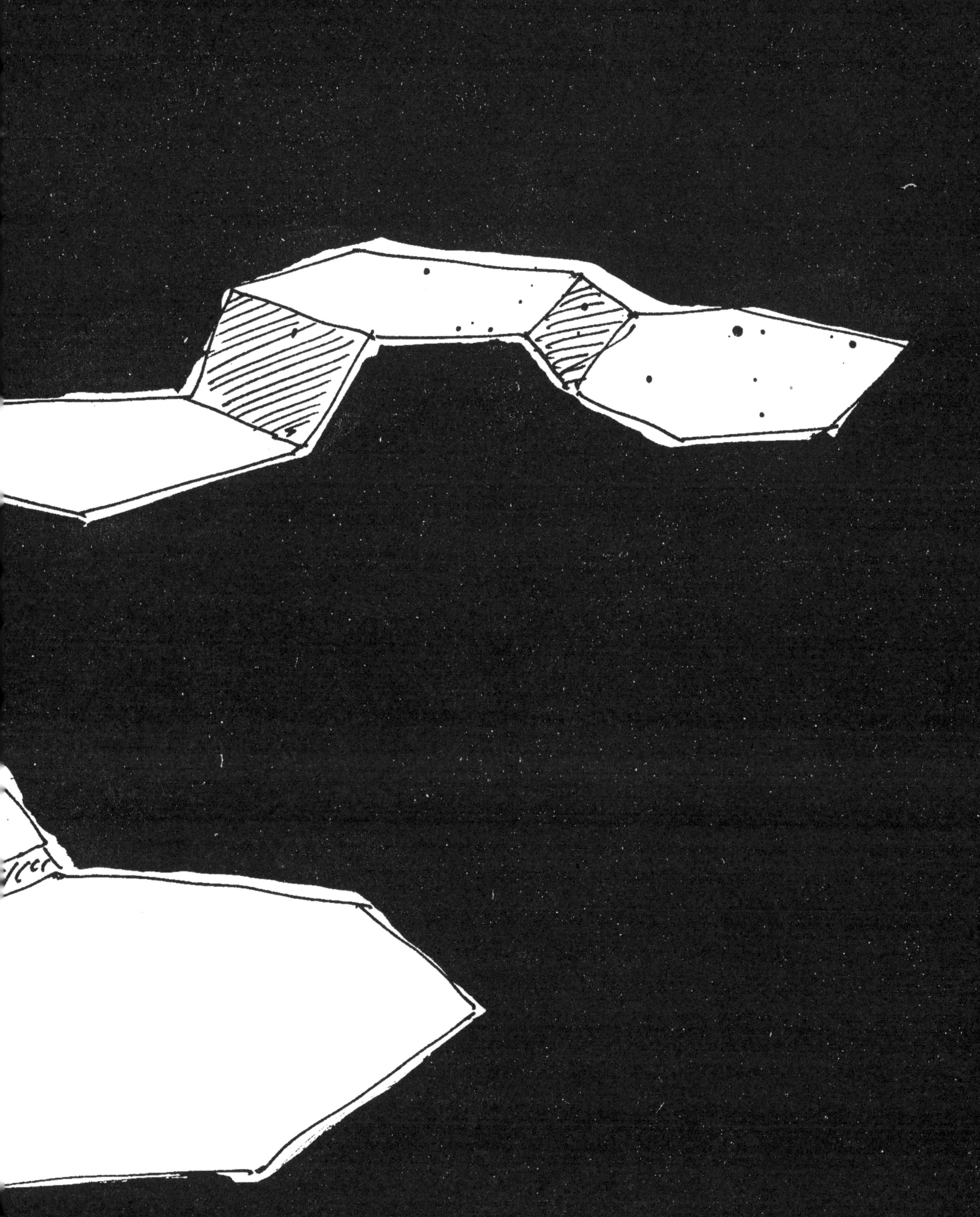

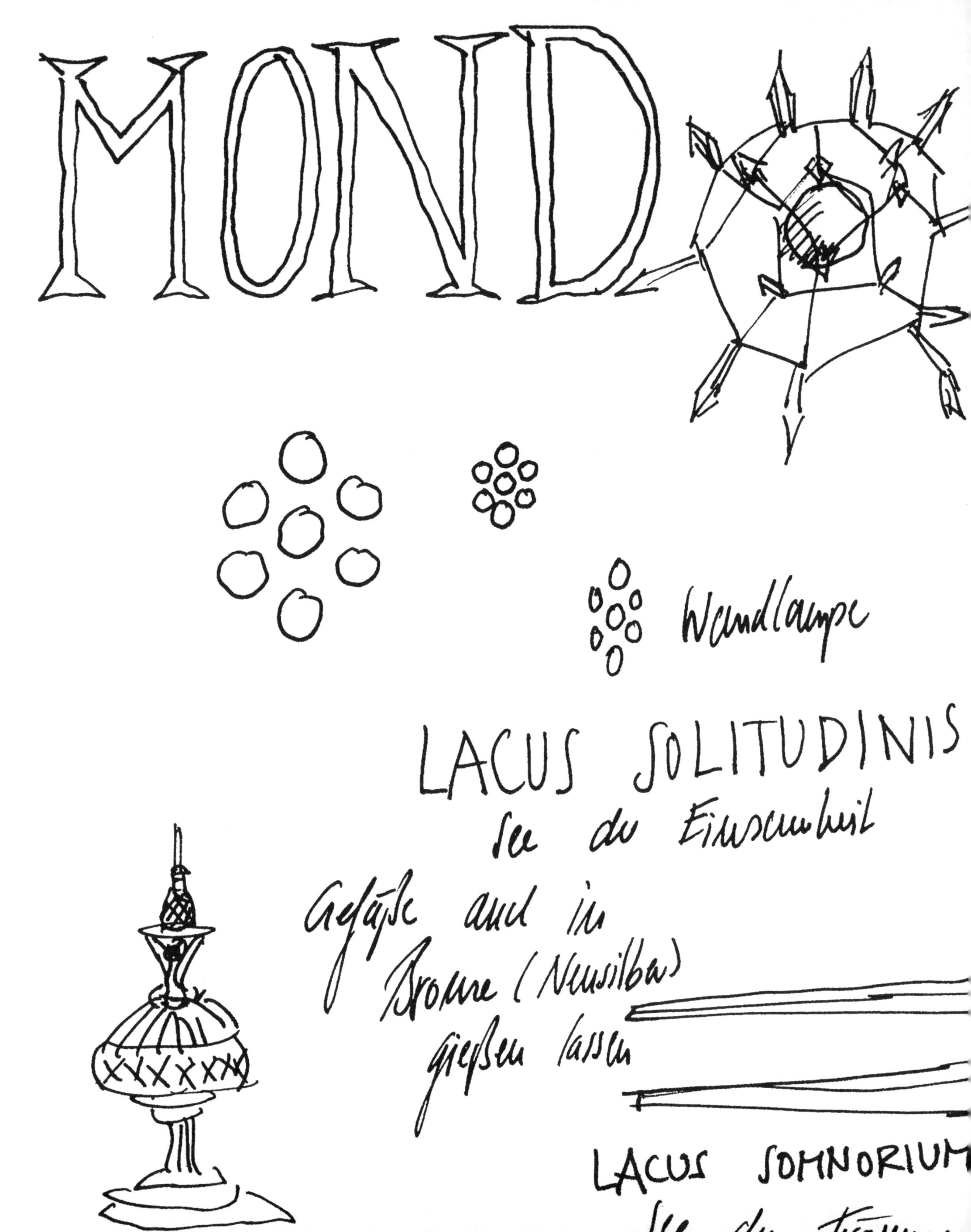

MOND
Wandlampe
LACUS SOLITUDINIS
See der Einsamkeit
Gefäße auch in
Bronze (Neusilber)
gießen lassen
LACUS SOMNORIUM
See der Träume

See der Furcht

Dodekaeder   mit Kristallspitzen

PALUS SOMNIS
Sumpf des Schlafs

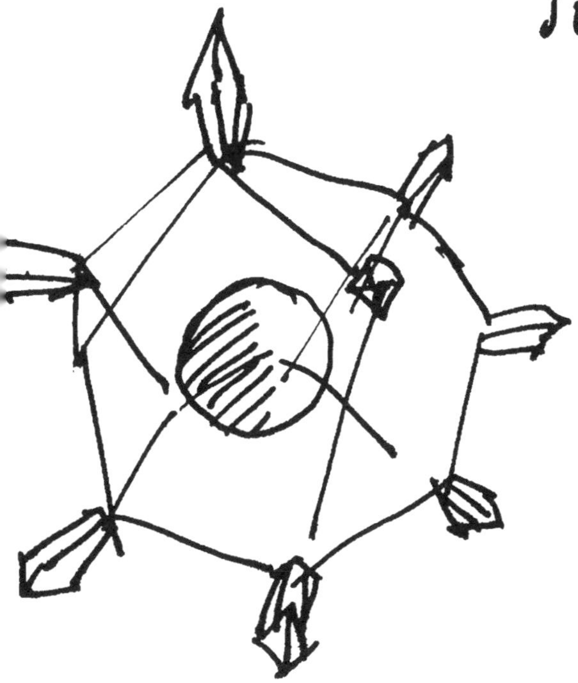

Kristallspitzen
Kristallkugel

Stealth
Form

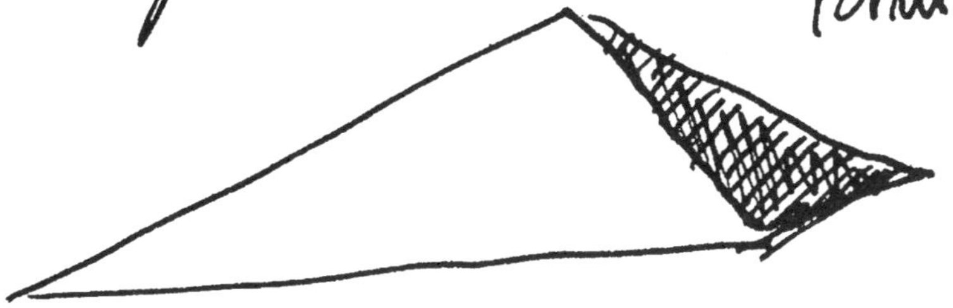

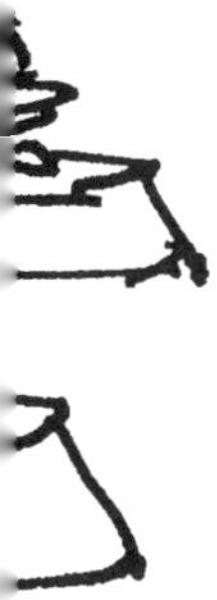

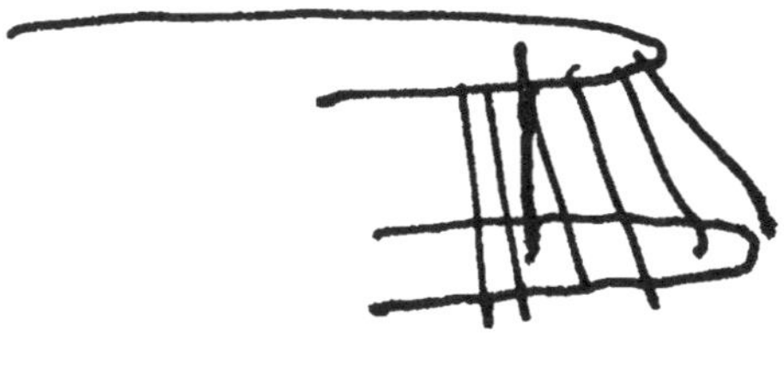

konzentrischer Kreis

Kühlrippen

Aurys-Farben

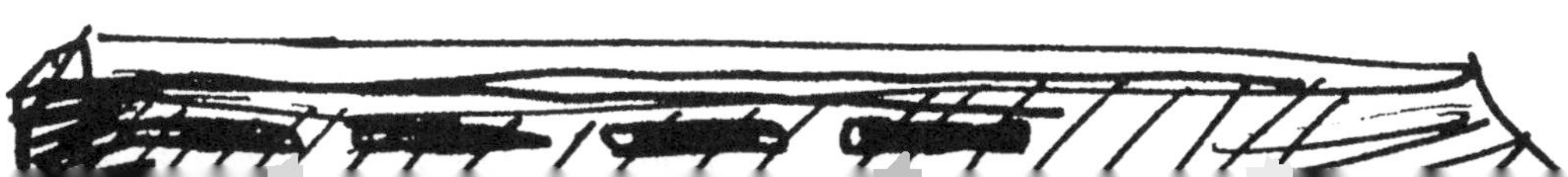

Gesicht einfach,
rot gemacht!

Säule, mit Gesicht,
jungbrunnenartig, nie bei
Cranach,
dahinter der
Planet

Gesicht
asymmetrisch,
aus ...

SUPERKONSTELLATION

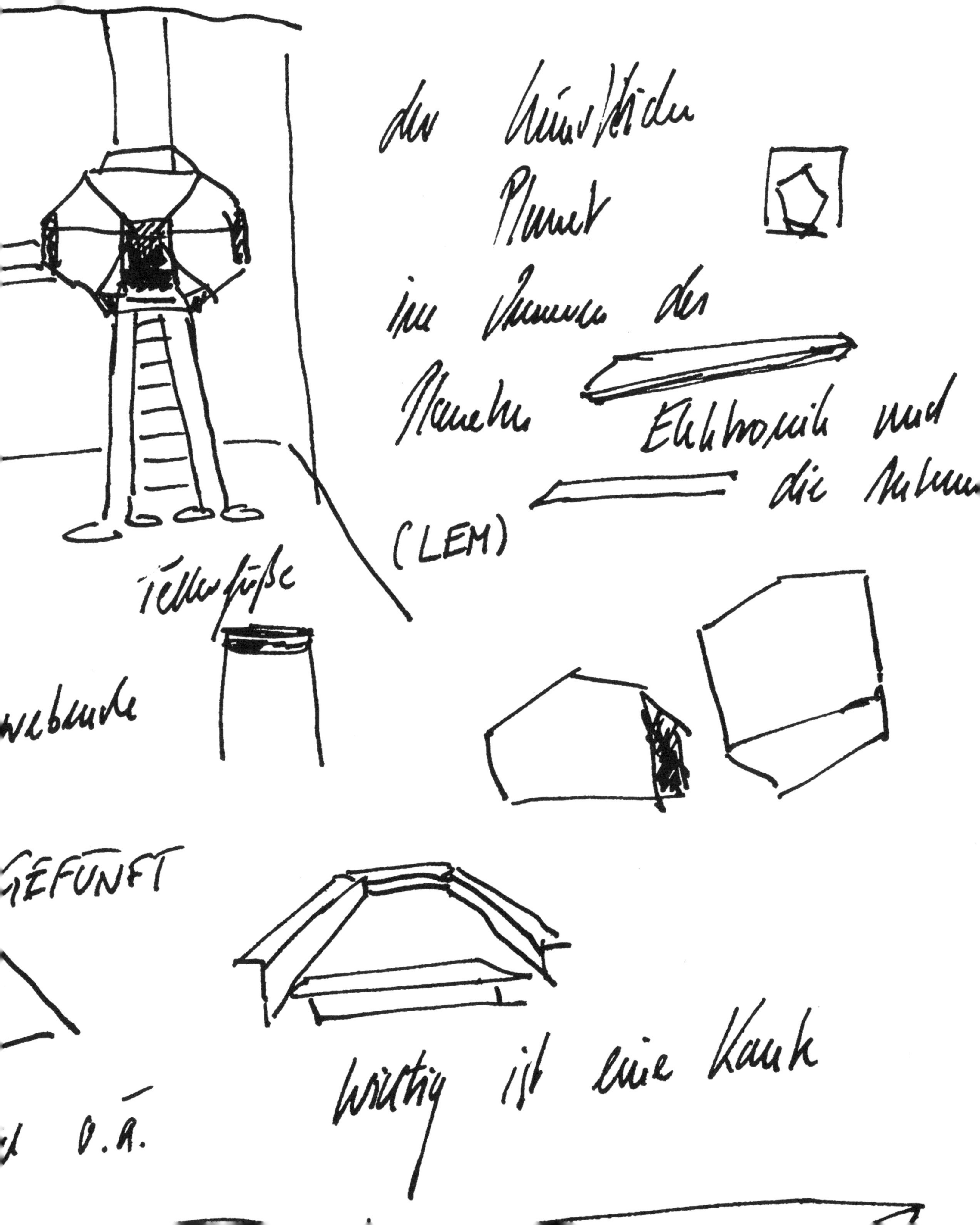

der [illegible]
Planet

im [illegible] der

Planeten

(LEM)

Elektronik und

die [illegible]

Tellerfüße

[...]webäude

GEFUNFT

o.ä.

wichtig ist eine Kante

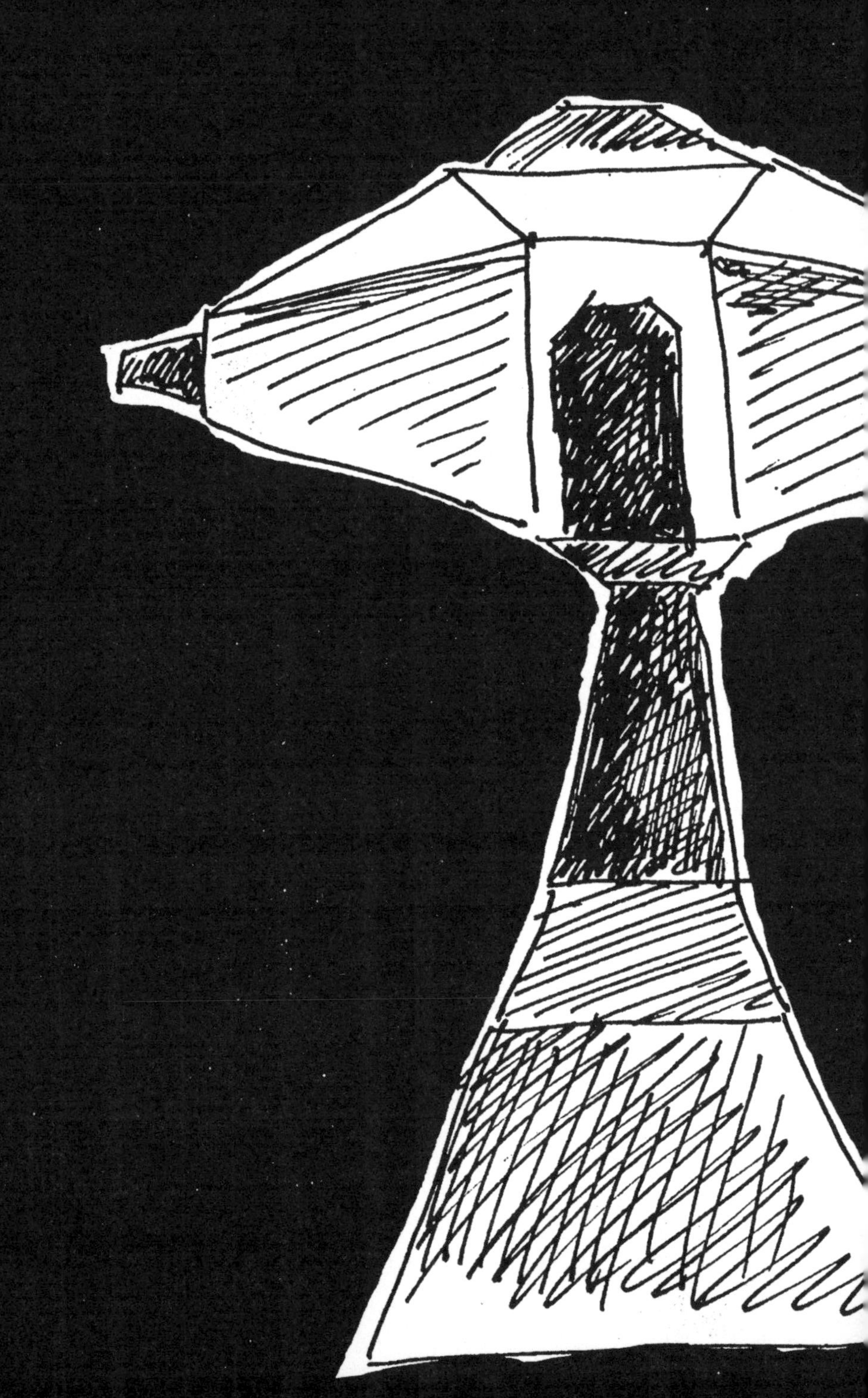

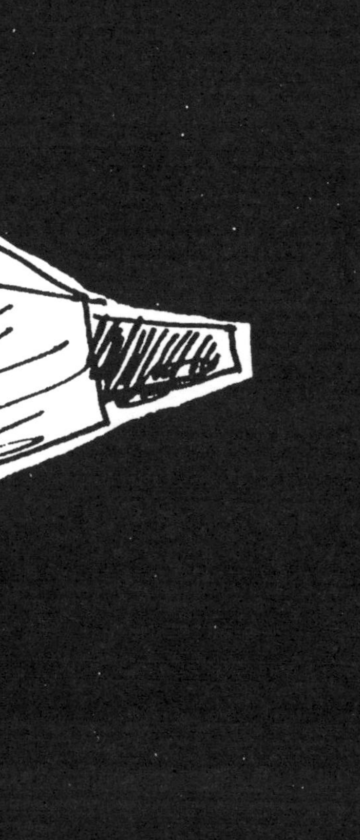

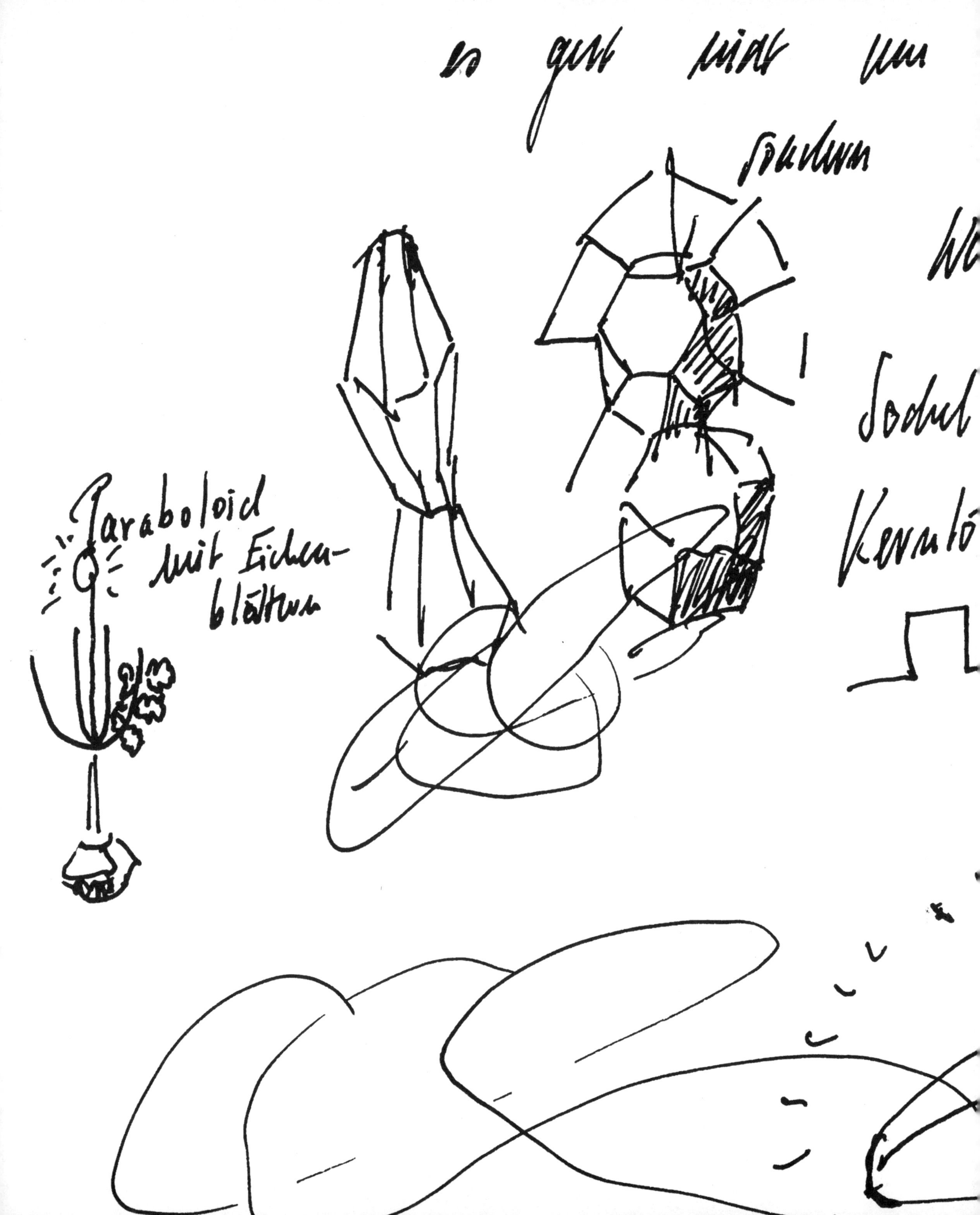

Paraboloid
mit Eichen-
blättern

BILD

HiGG
Highs

PHOSPHOR

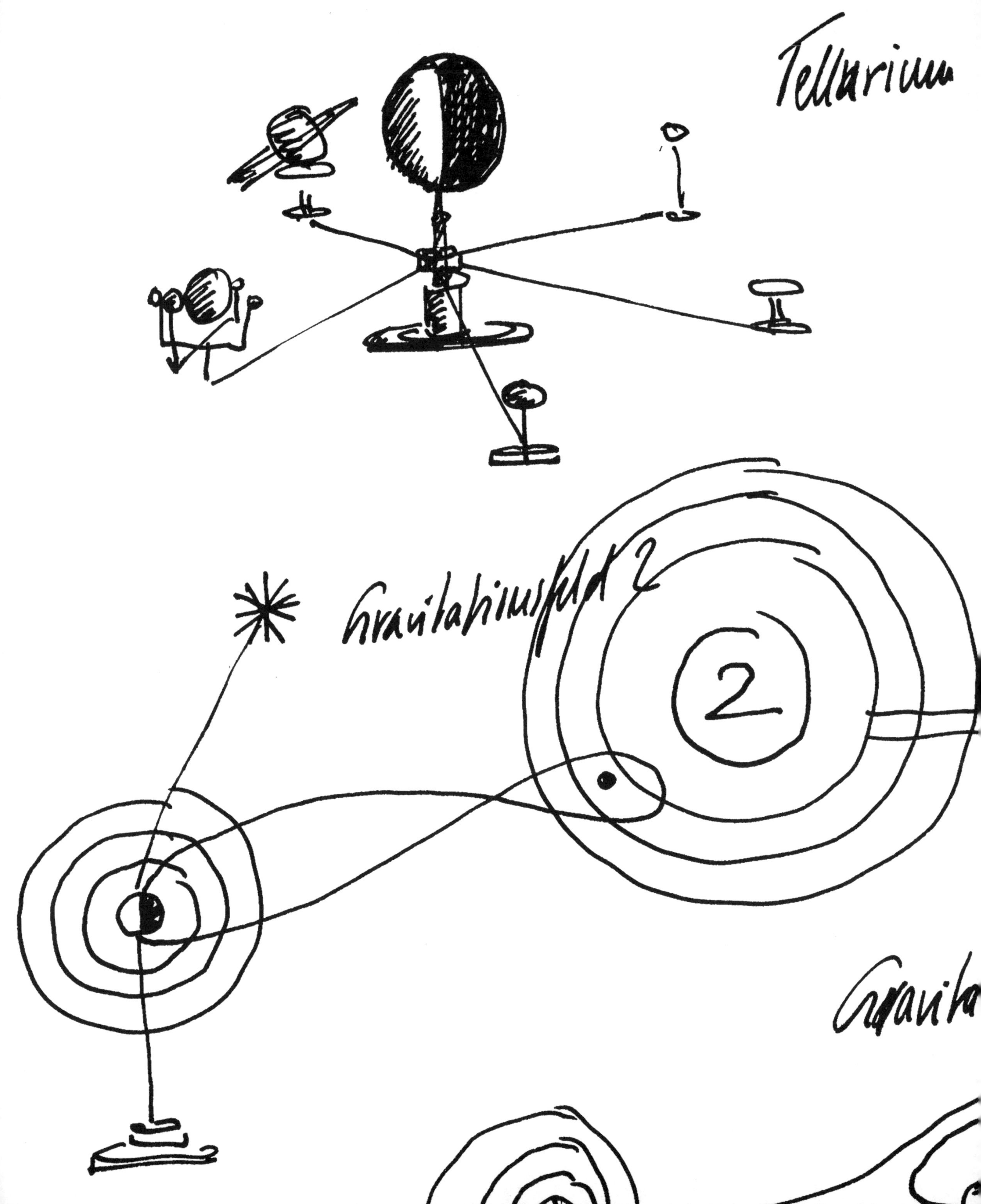

Tellurium
Gravitationsfeld 2
2
Gravita

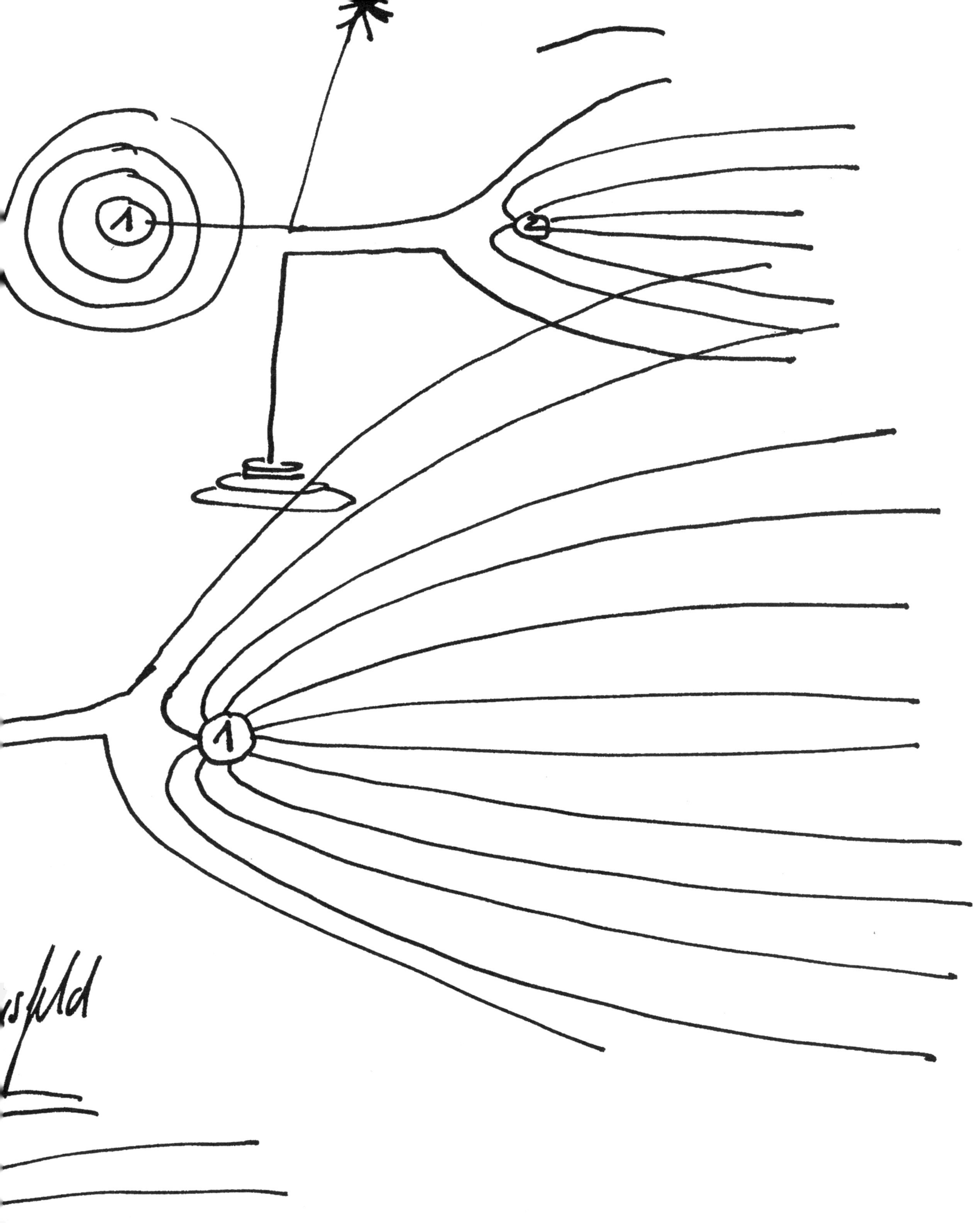

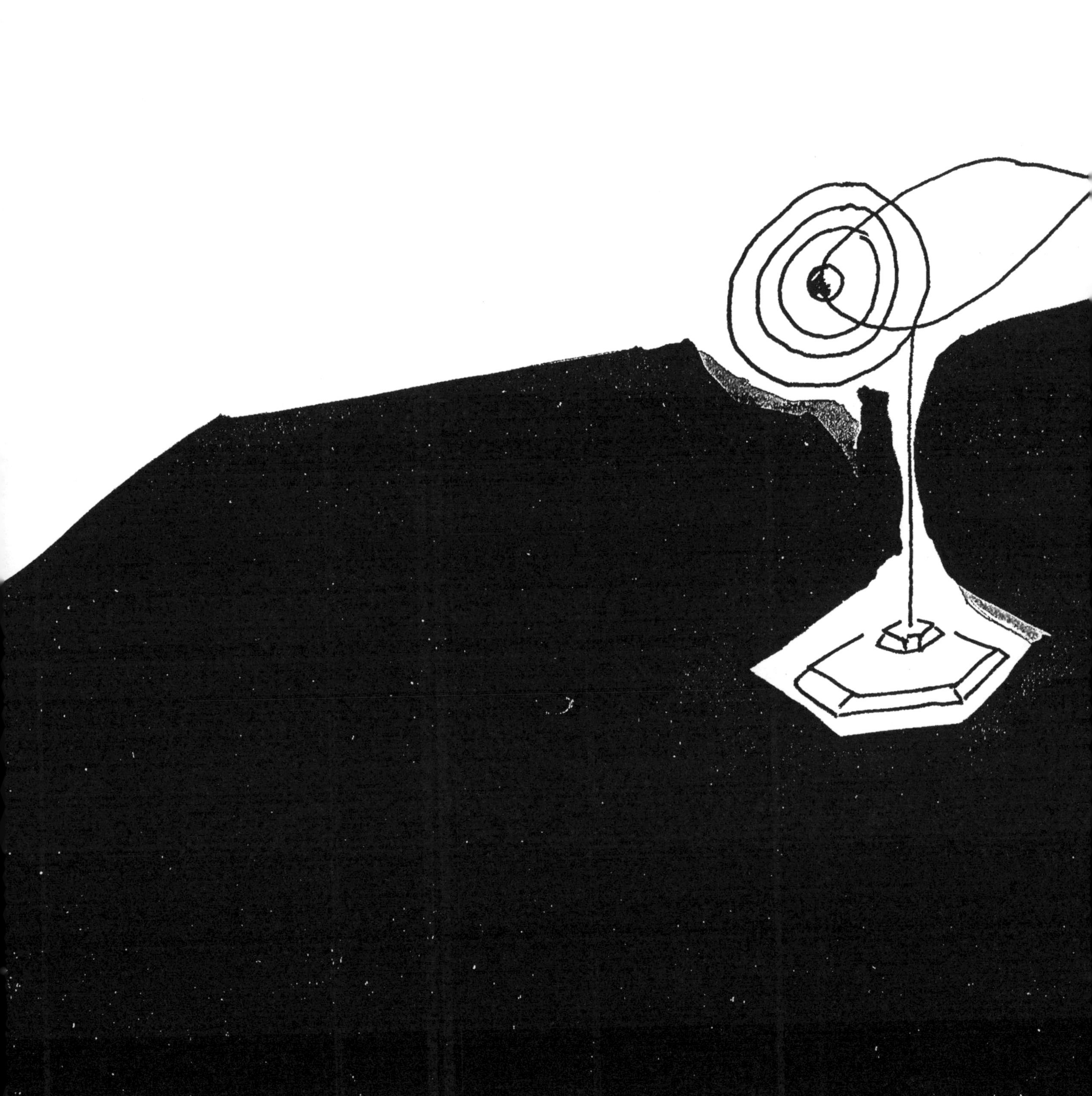

Wasserprozess
(Kaskade)

PALU

LACUS SOMNORIUM
(See der Träume)

Friedenspyramide gedacht

LACUS TIMORIS
(See der Furcht)
Jägermeister

SOMNIS
(Sumpf der Träume)

Holzhäufig

STREUKEGEL

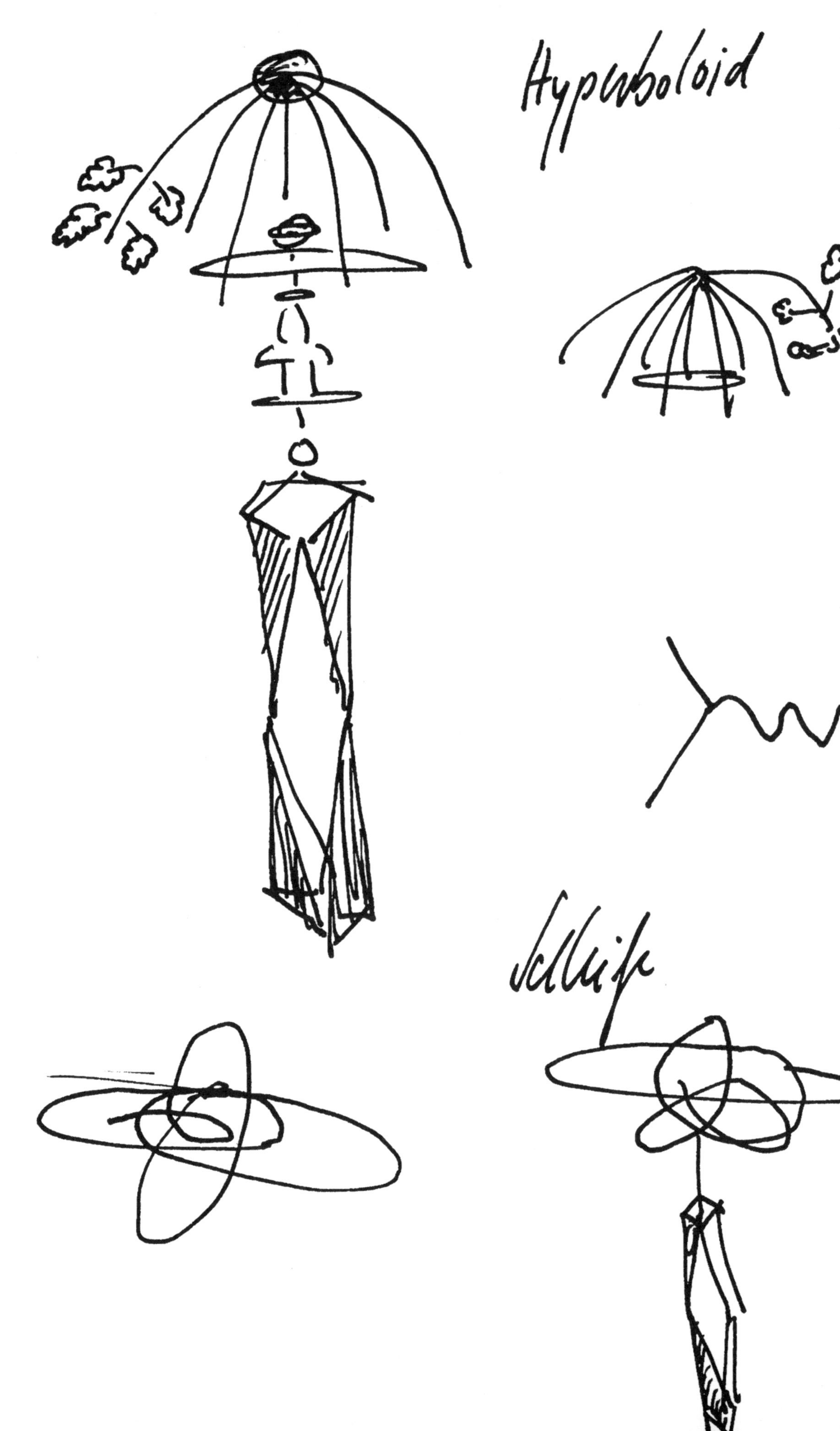
Hyperboloid
Schliff

Eichenlaub

Prallkörper

Kapsel

Welle

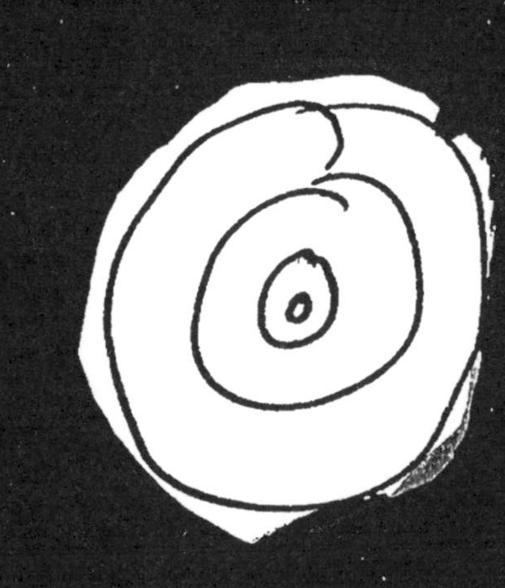

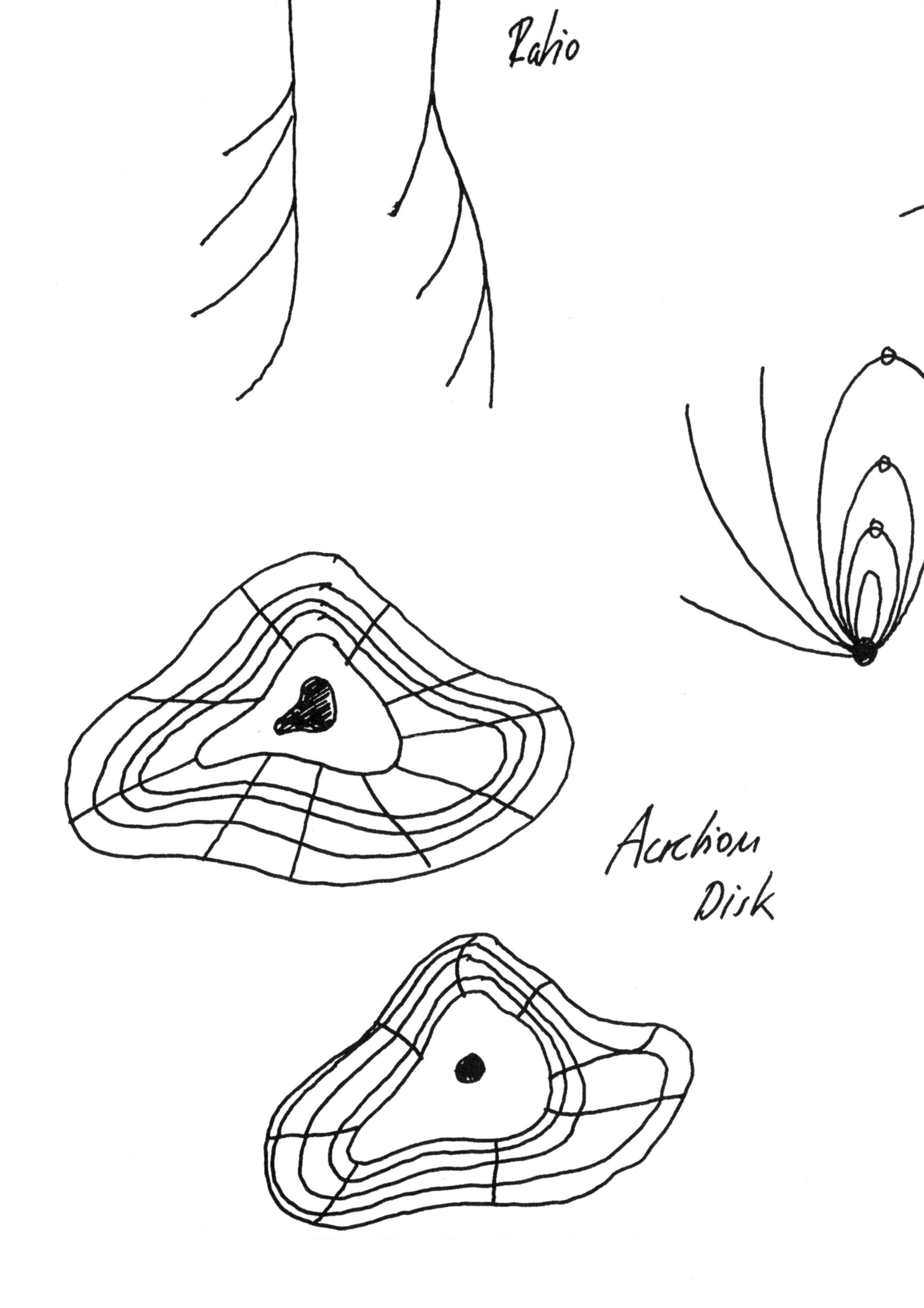

Ratio
Acrchiou
Disk

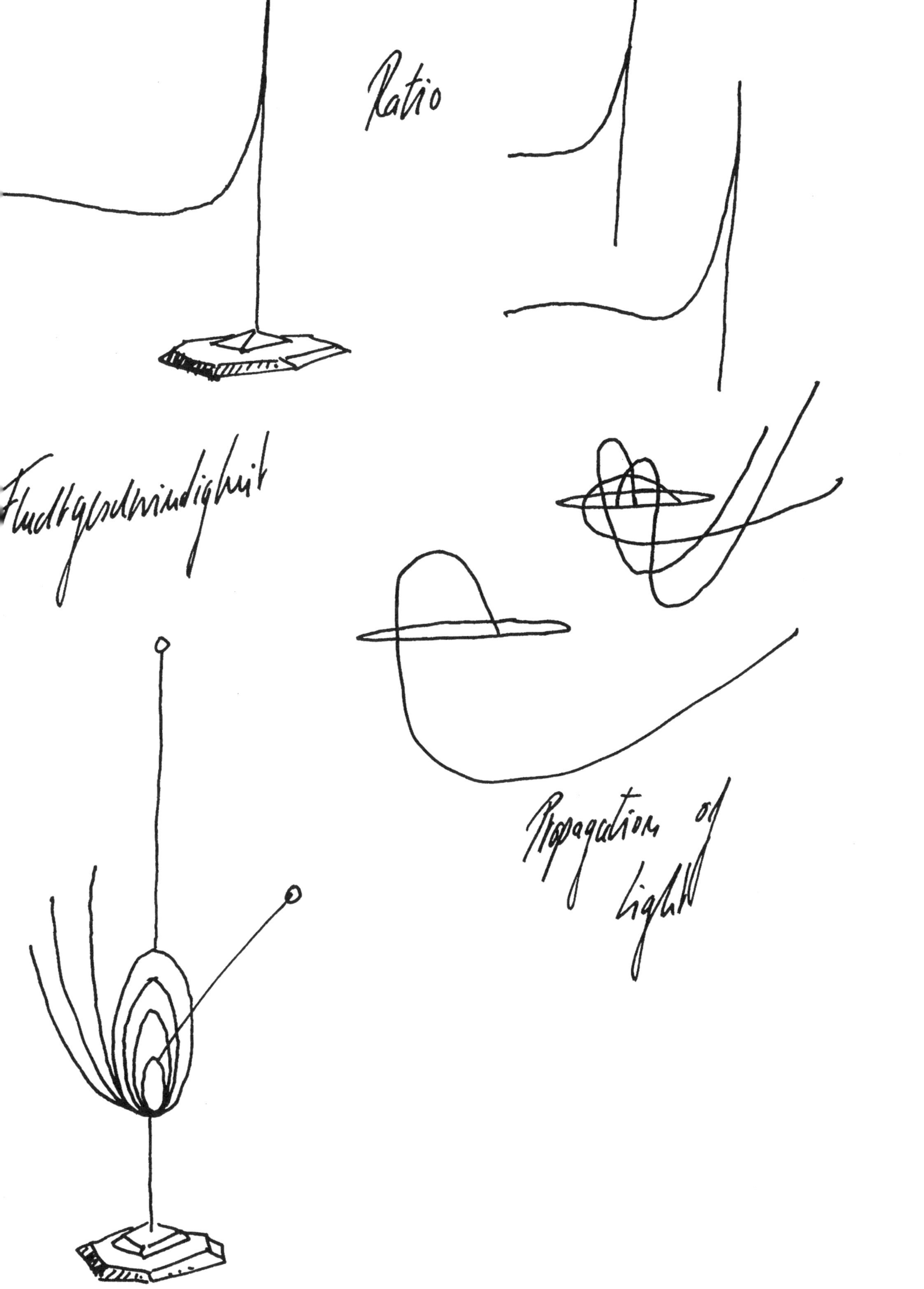

Ratio
Fluchtgeschwindigkeit
Propagation of
light

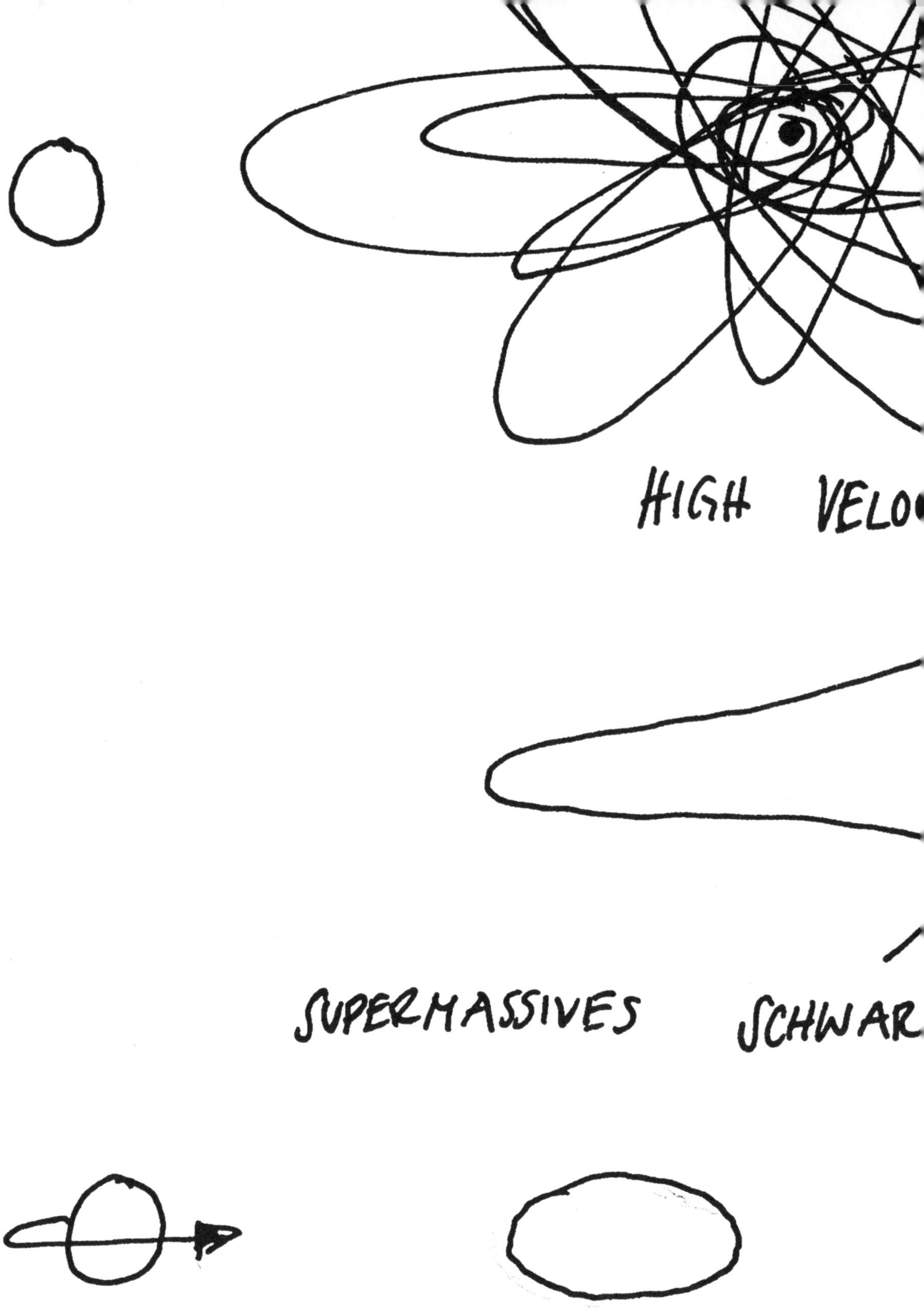

HIGH VELO[city]

SUPERMASSIVES

SCHWAR[z]

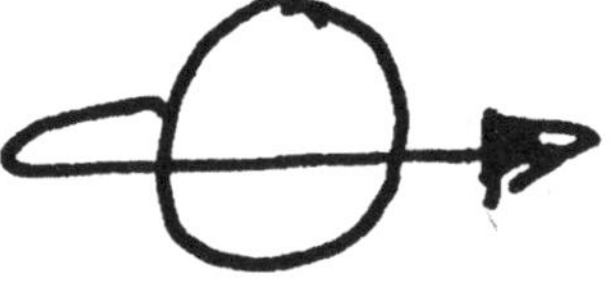

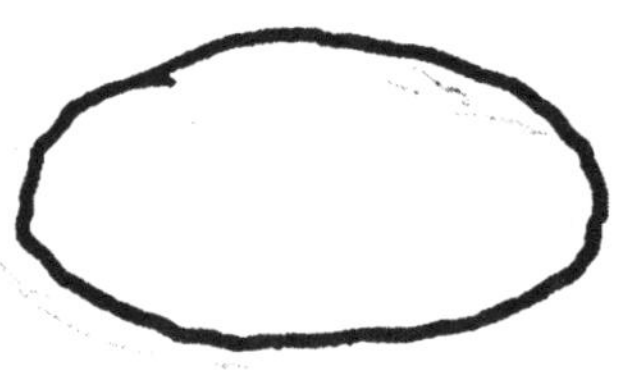

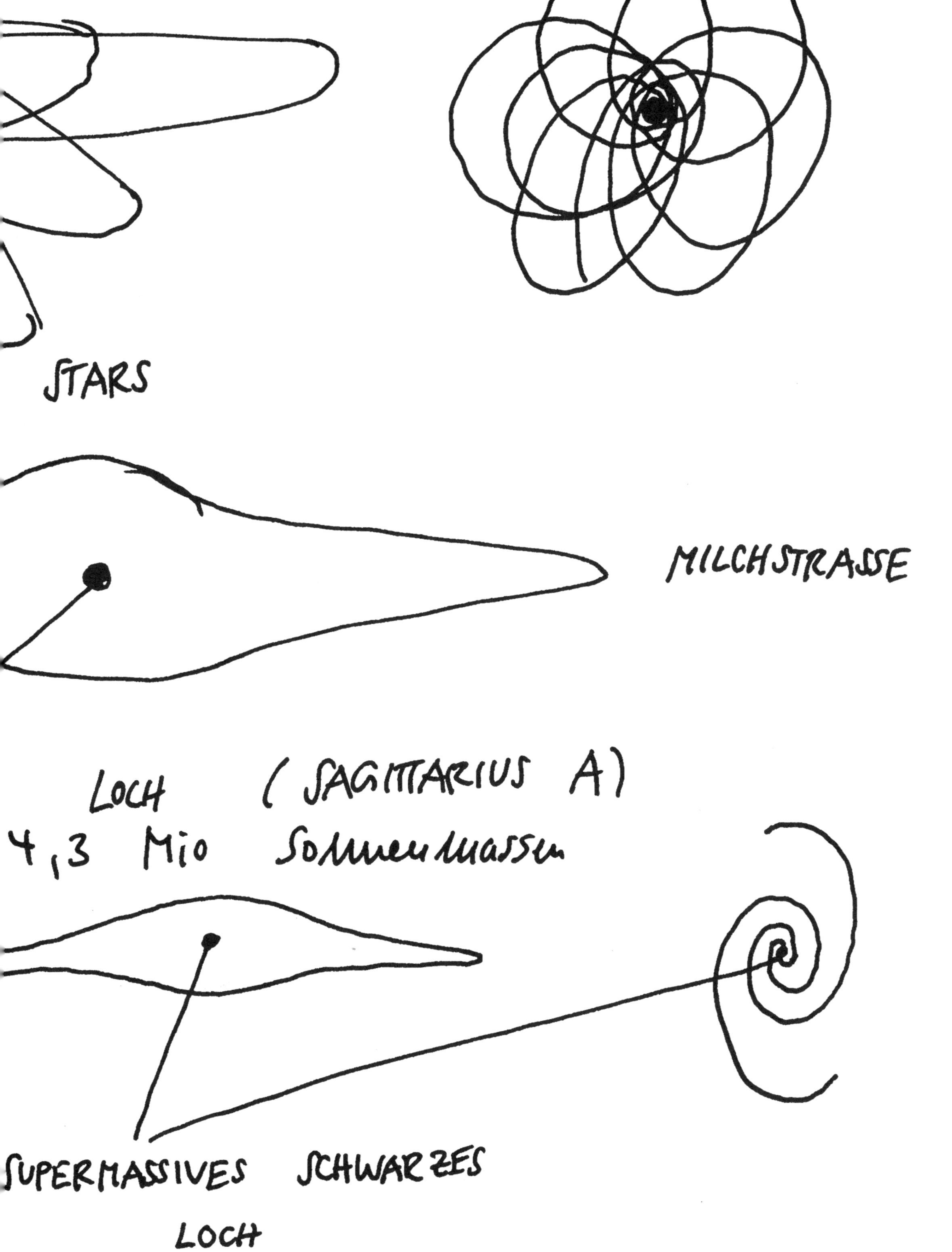

STARS
MILCHSTRASSE
LOCH (SAGITTARIUS A)
4,3 Mio Sonnenmassen
SUPERMASSIVES SCHWARZES
LOCH

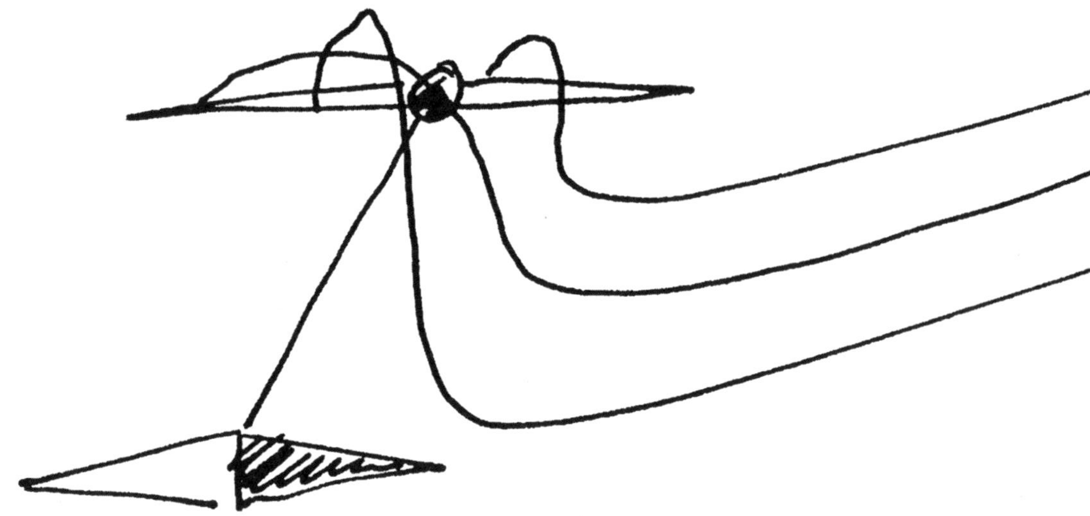

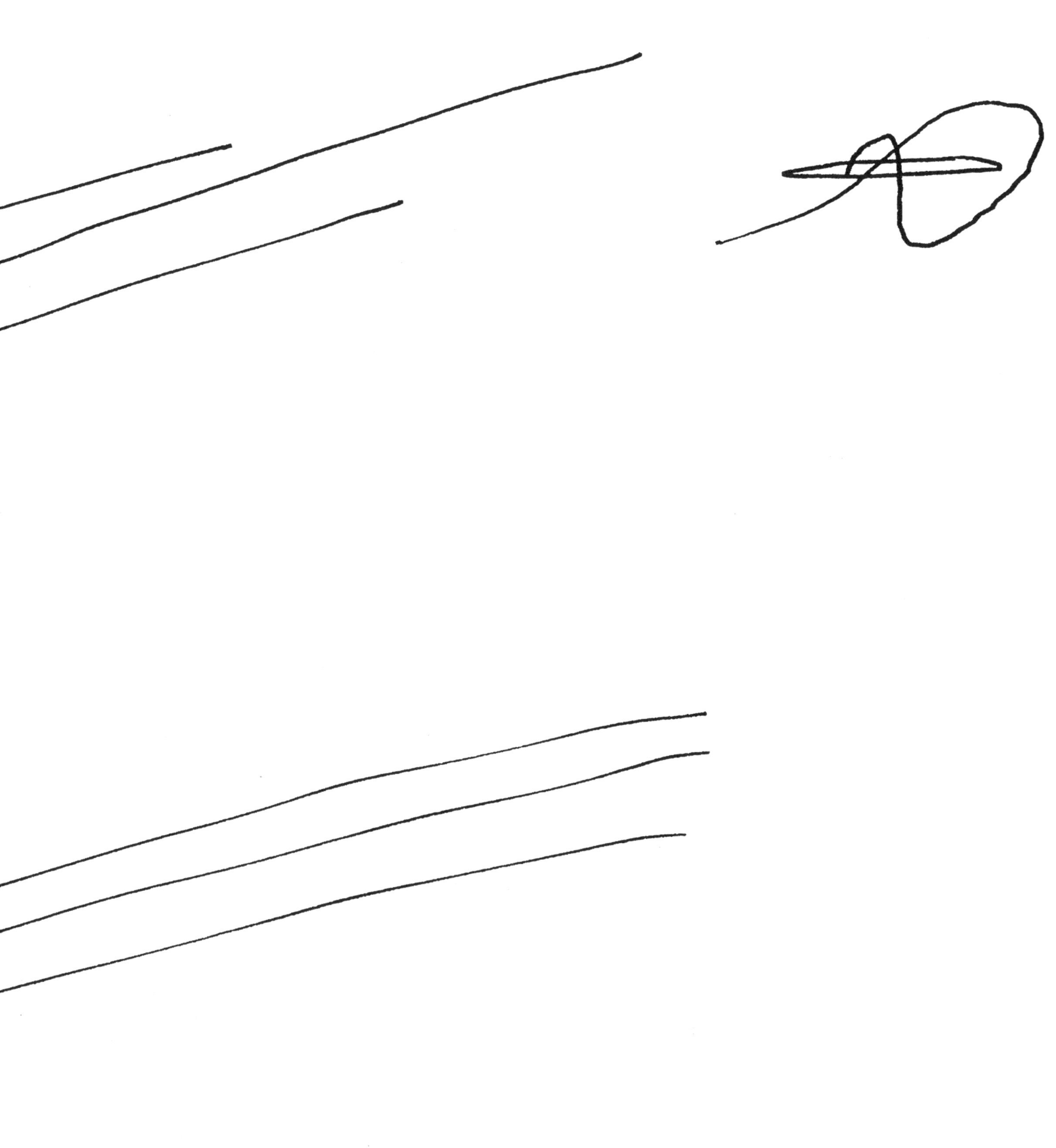

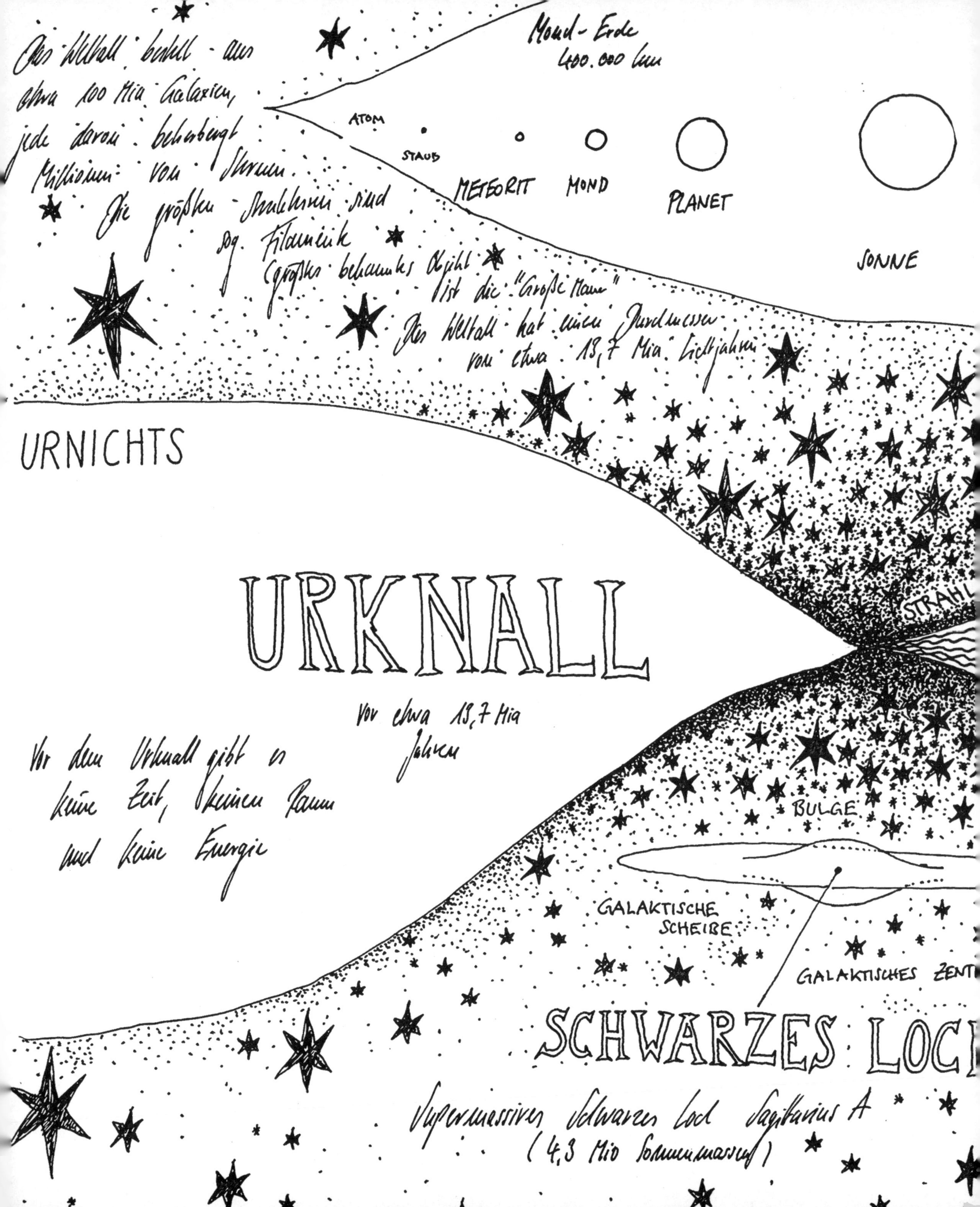

Mond-Erde
400.000 km
ATOM
STAUB
METEORIT
MOND
PLANET
SONNE
URNICHTS
URKNALL
Vor etwa 13,7 Mia
Jahren
STRAHL
BULGE
GALAKTISCHE SCHEIBE
GALAKTISCHES ZENT
SCHWARZES LOCH

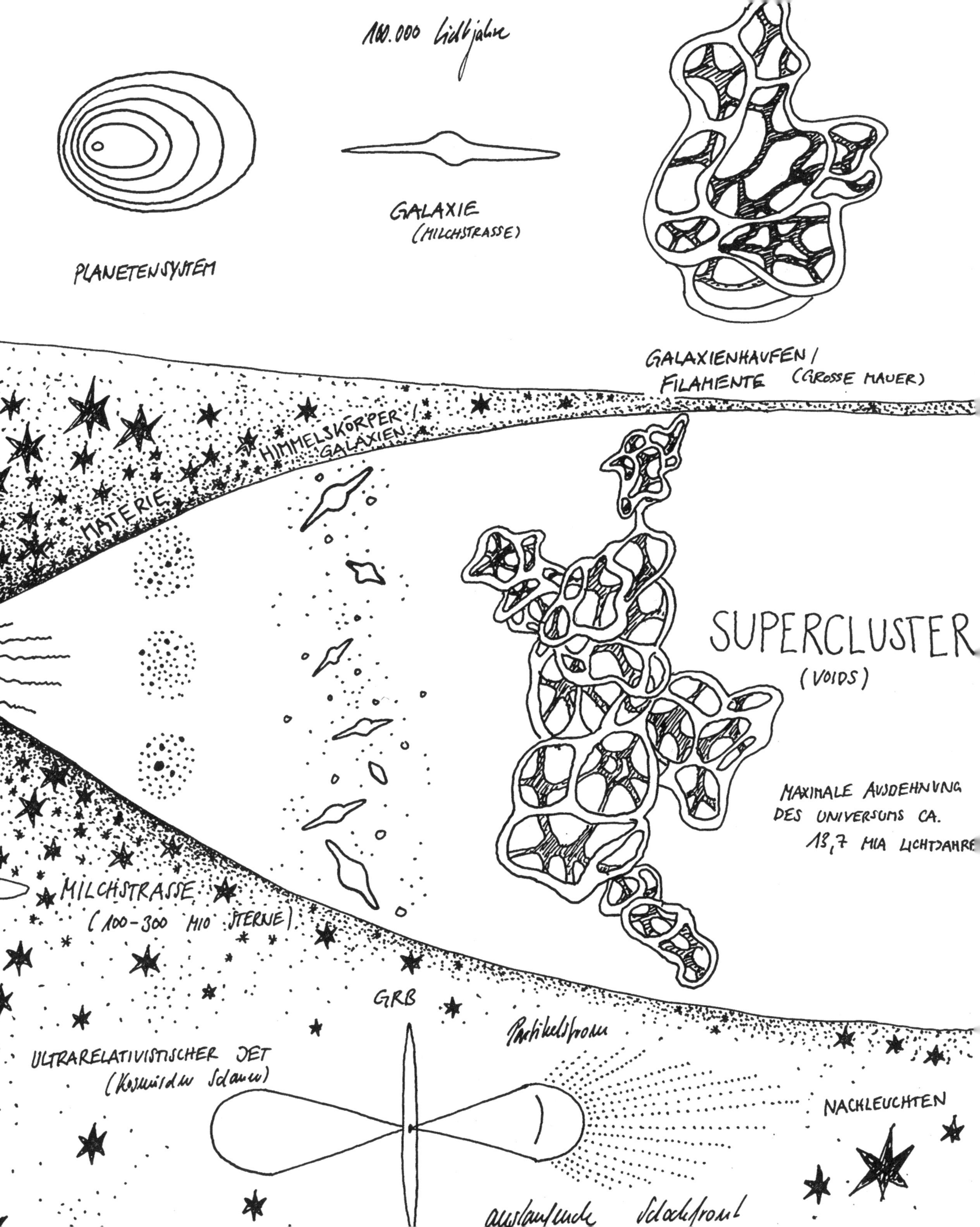
100.000 Lichtjahre
PLANETENSYSTEM
GALAXIE
(MILCHSTRASSE)
GALAXIENHAUFEN /
FILAMENTE (GROSSE MAUER)
MATERIE
HIMMELSKÖRPER /
GALAXIEN
SUPERCLUSTER
(VOIDS)
MAXIMALE AUSDEHNUNG
DES UNIVERSUMS CA.
13,7 MIA LICHTJAHRE
MILCHSTRASSE
(100-300 MIO STERNE)
ULTRARELATIVISTISCHER JET
(Kosmische Schauer)
GRB
Partikelstrom
NACHLEUCHTEN
auslaufende Schockfront

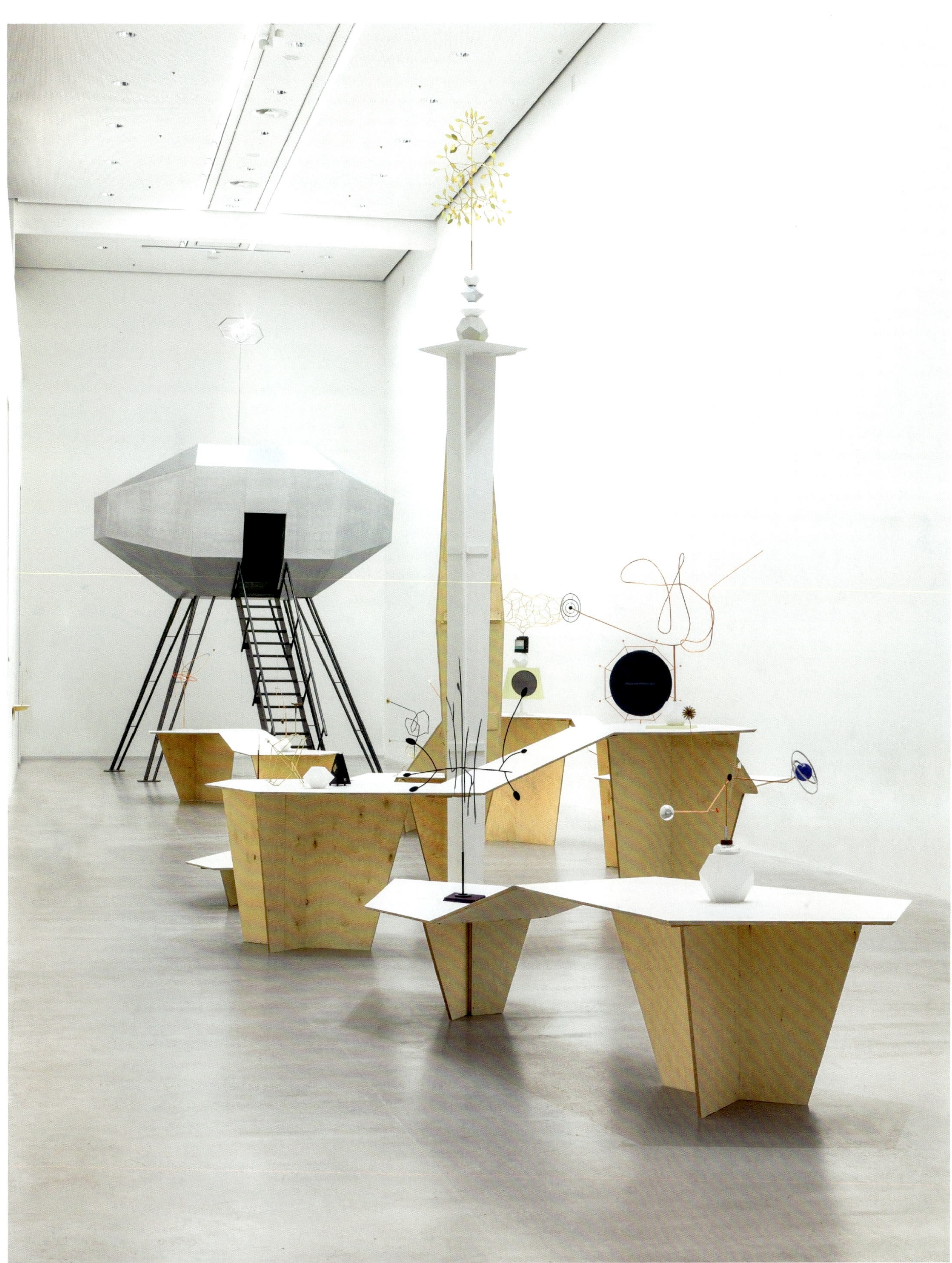

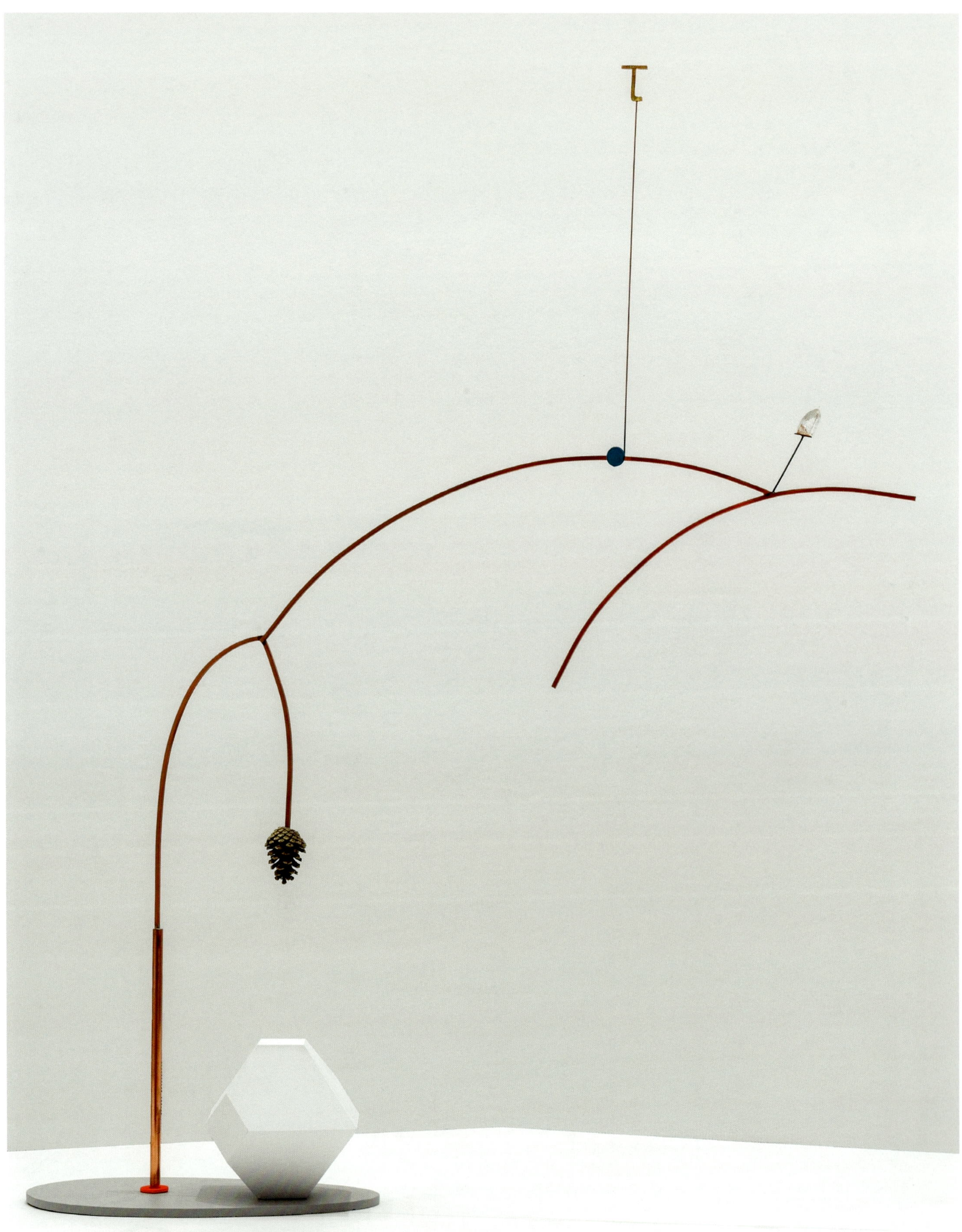

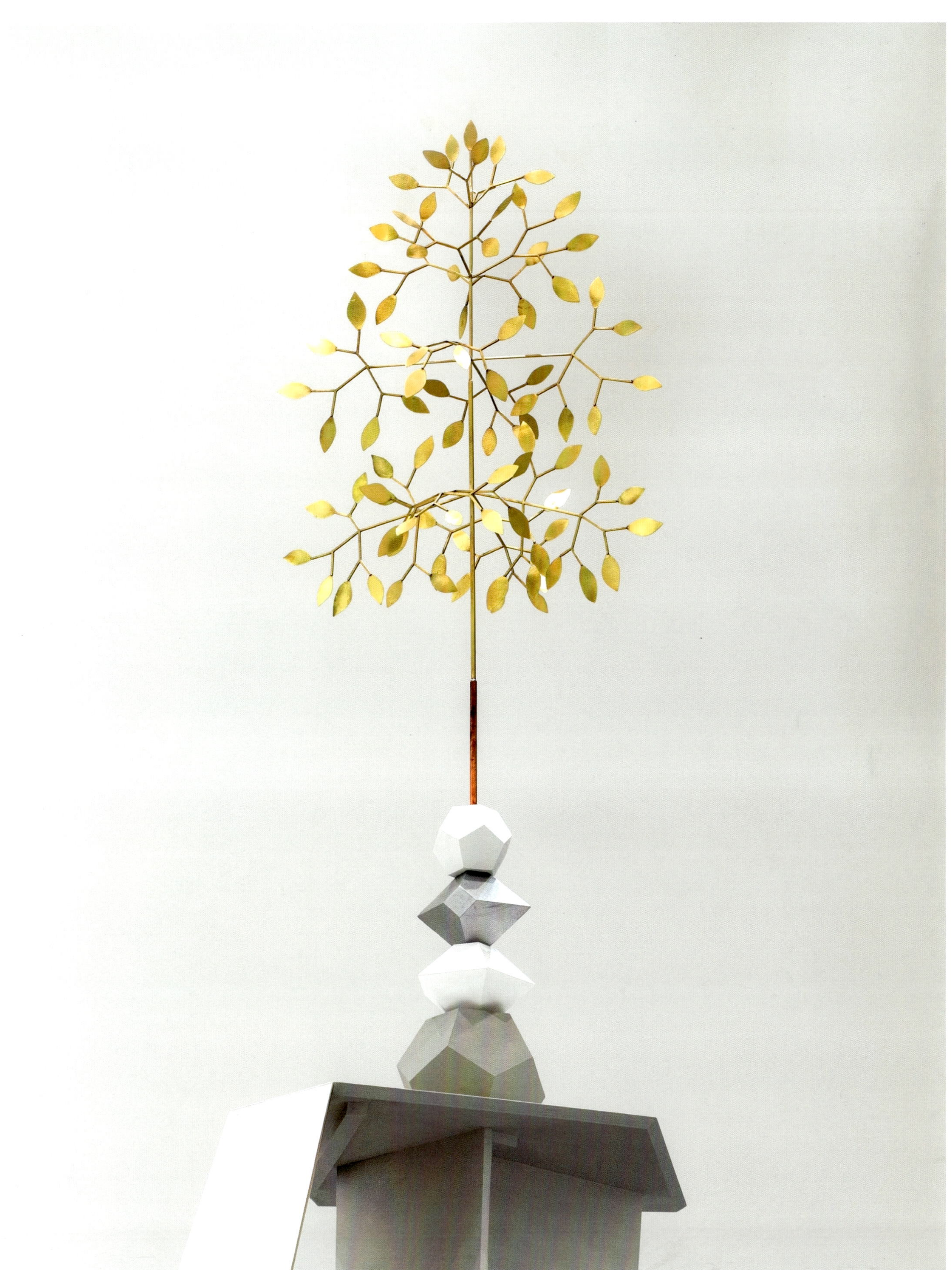

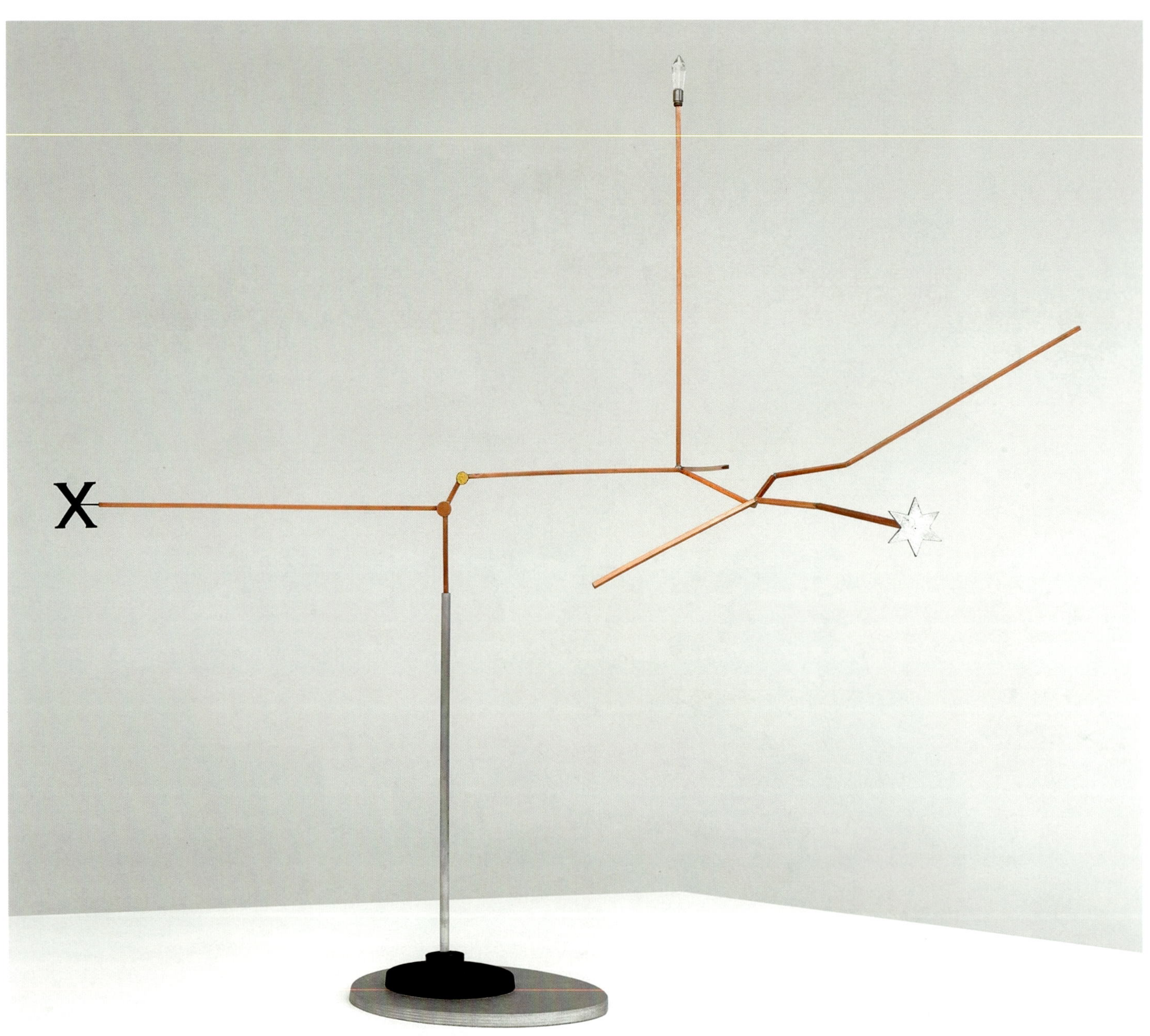

X

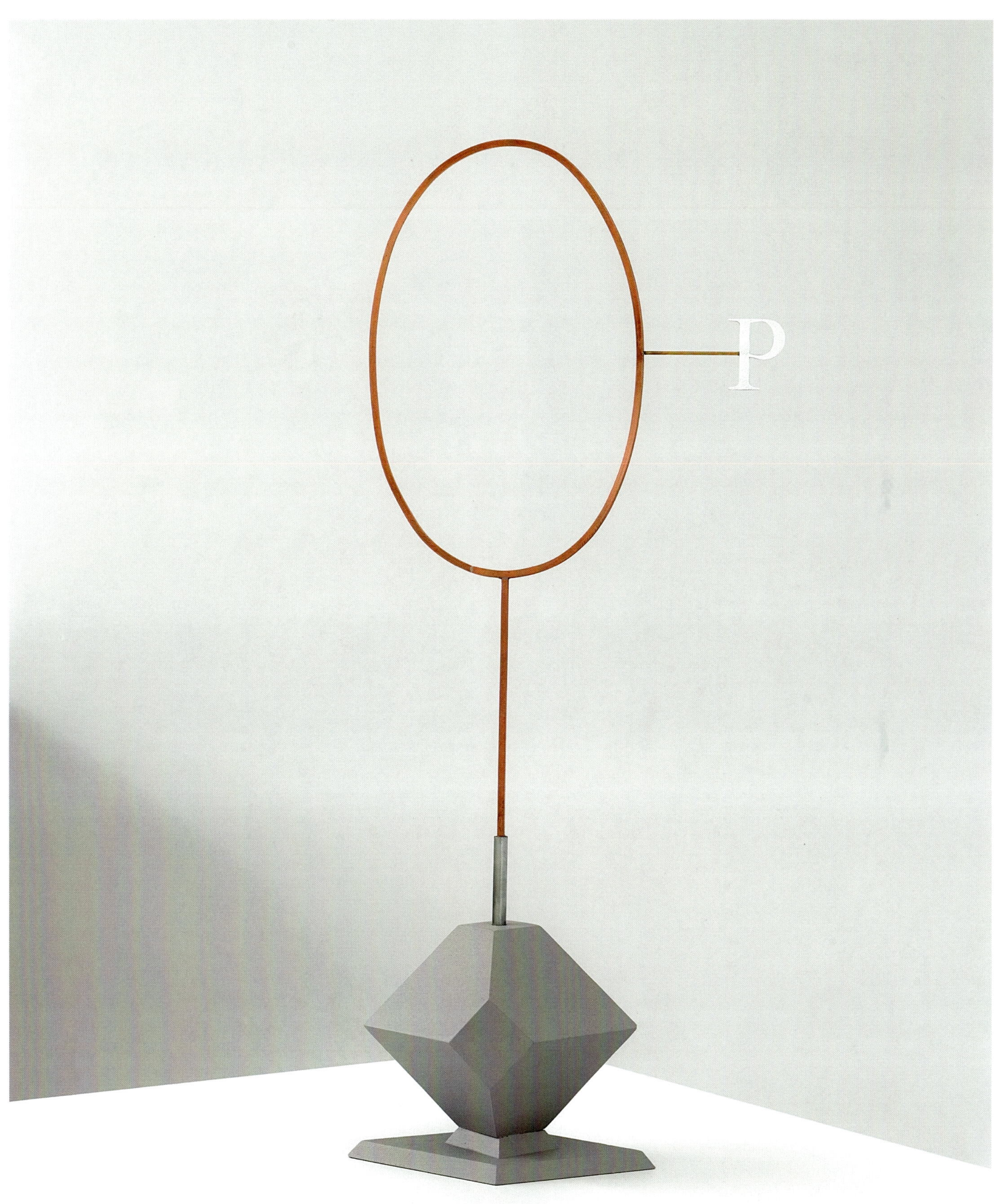
P

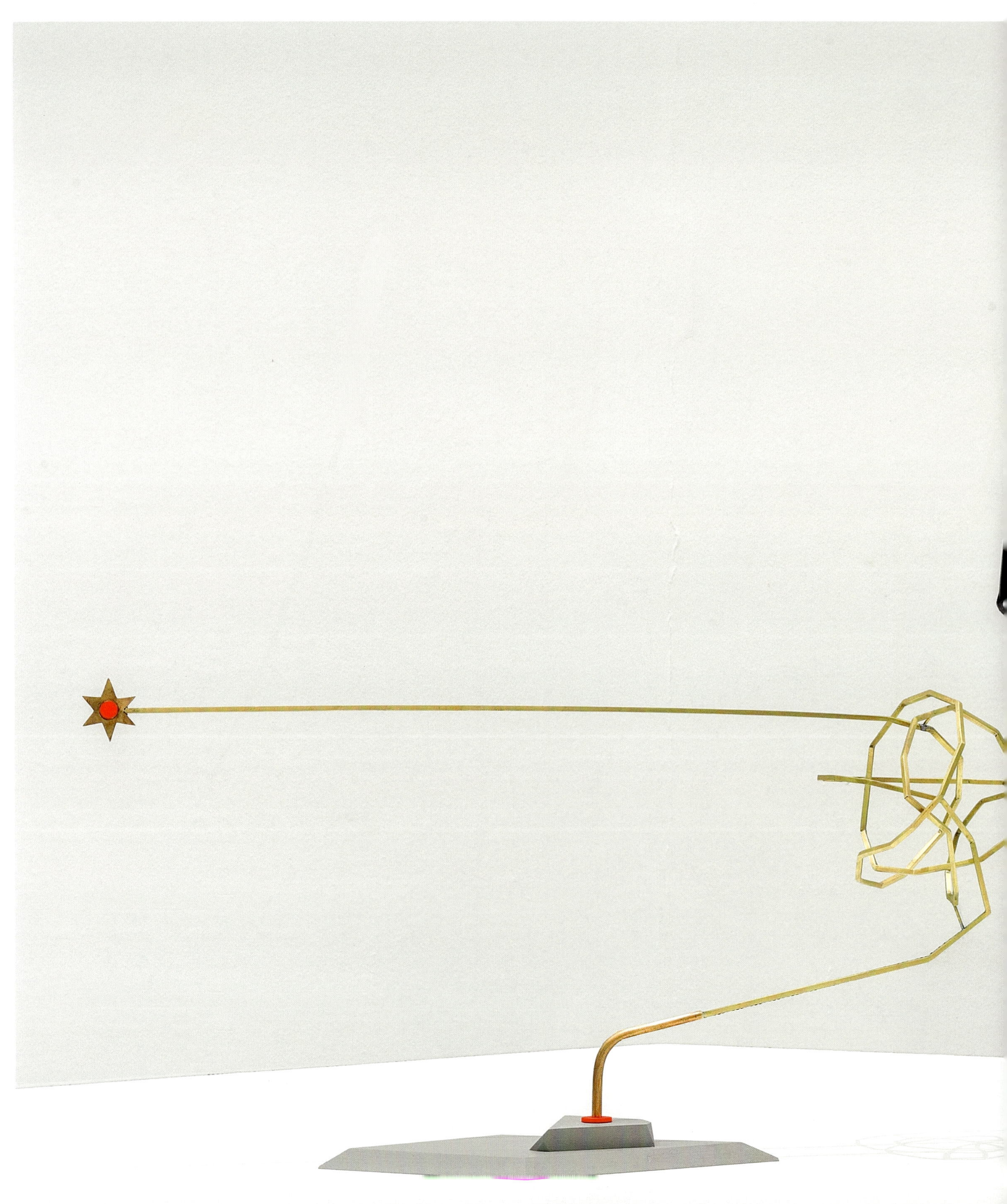

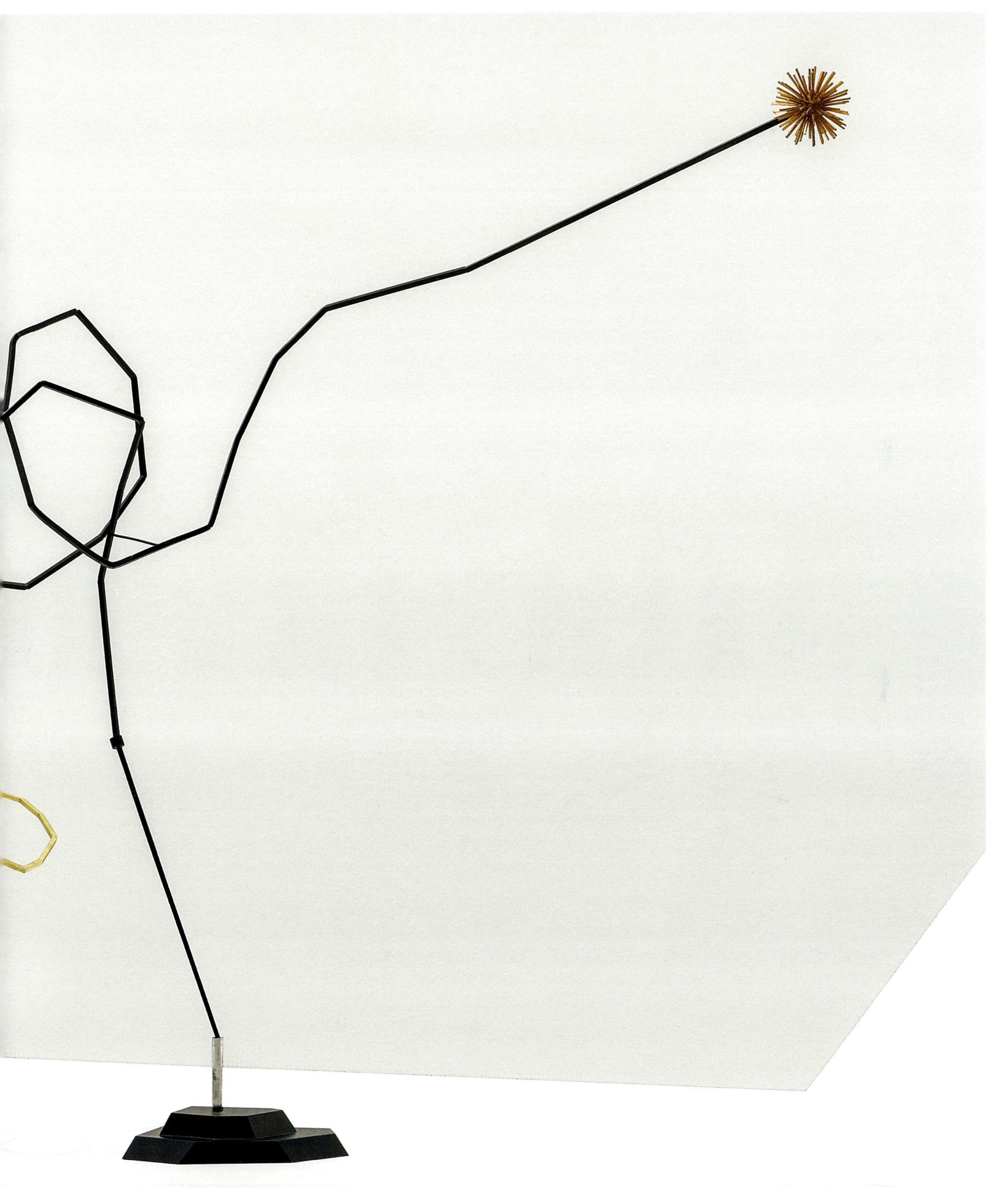

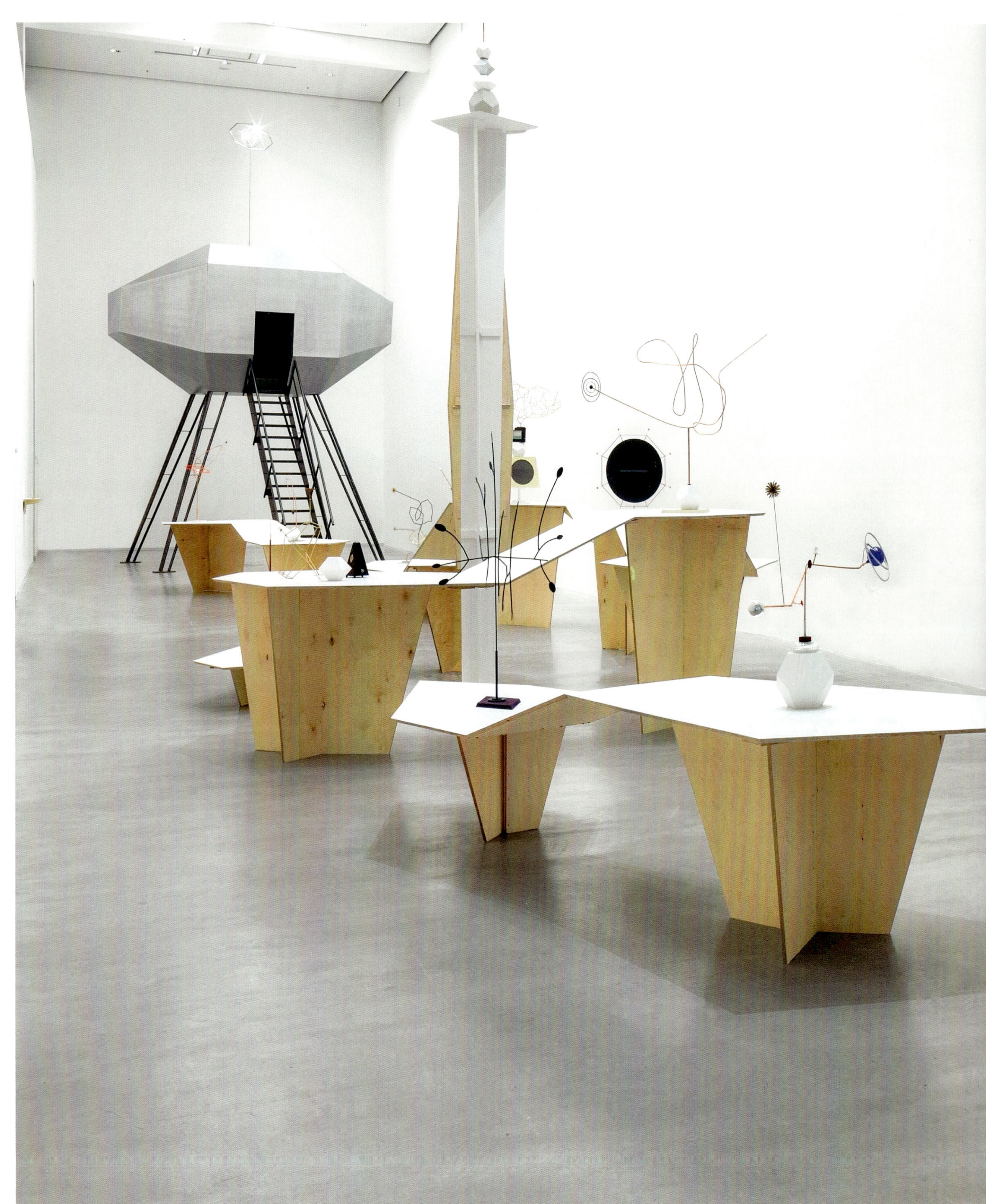

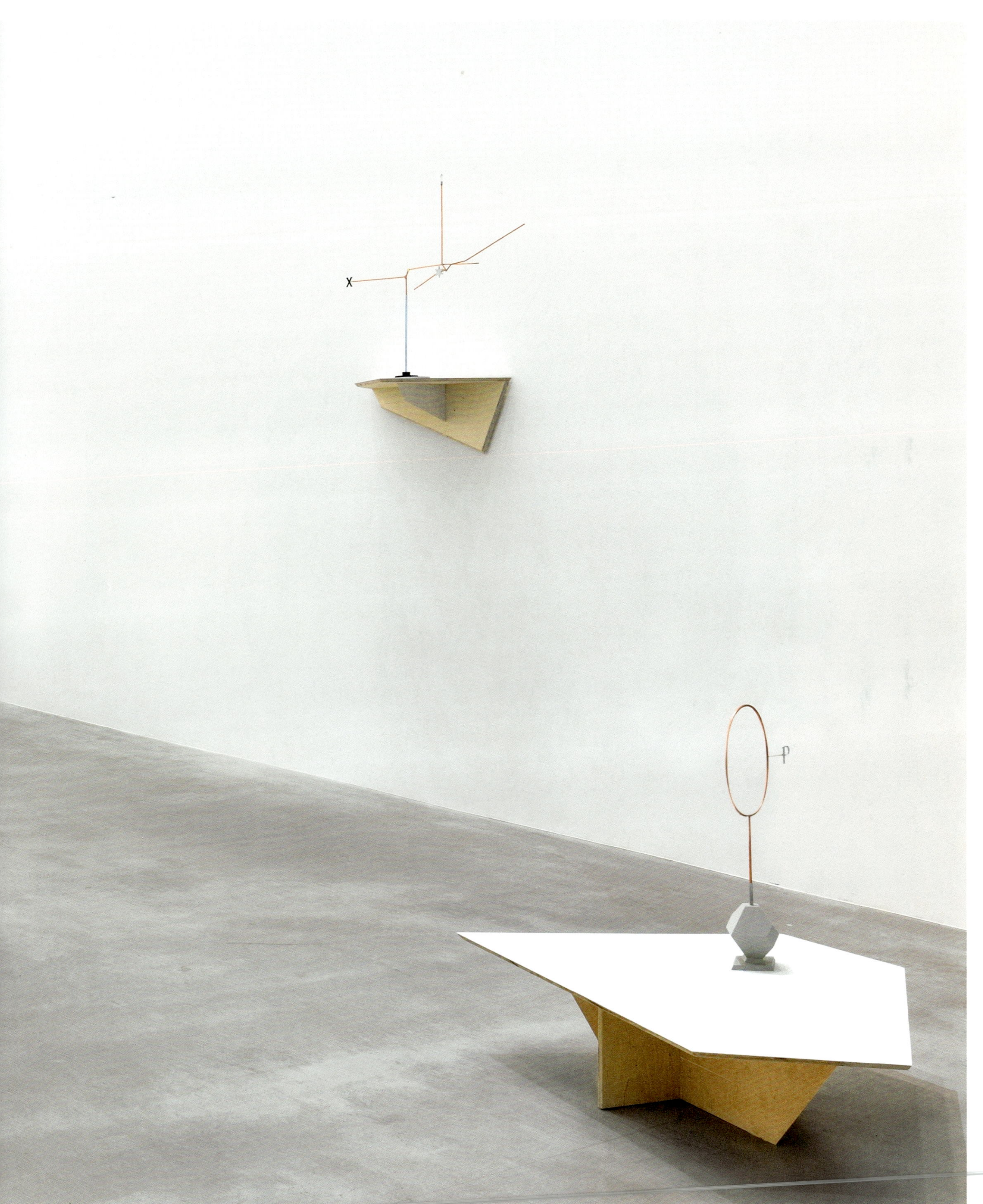

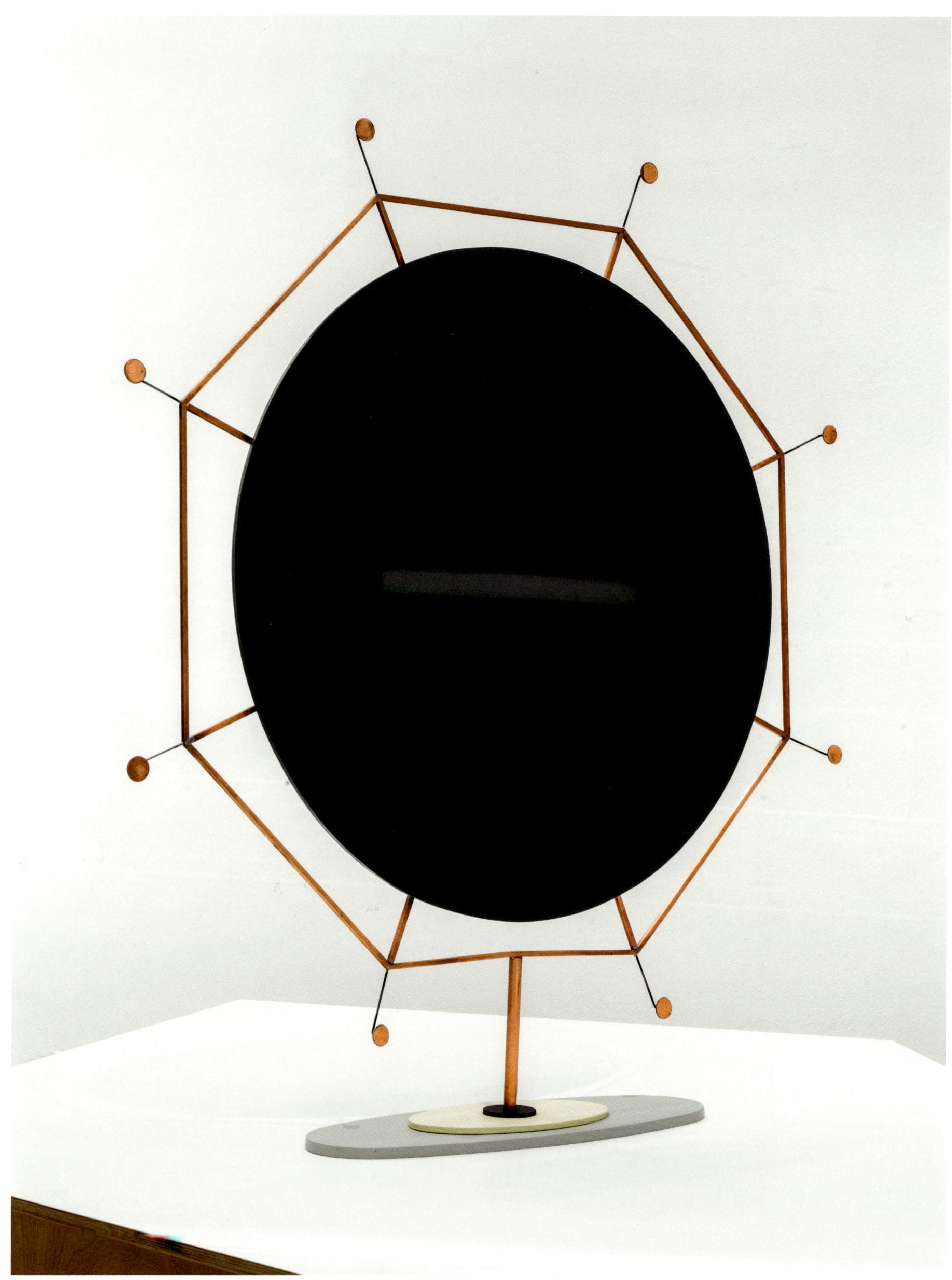

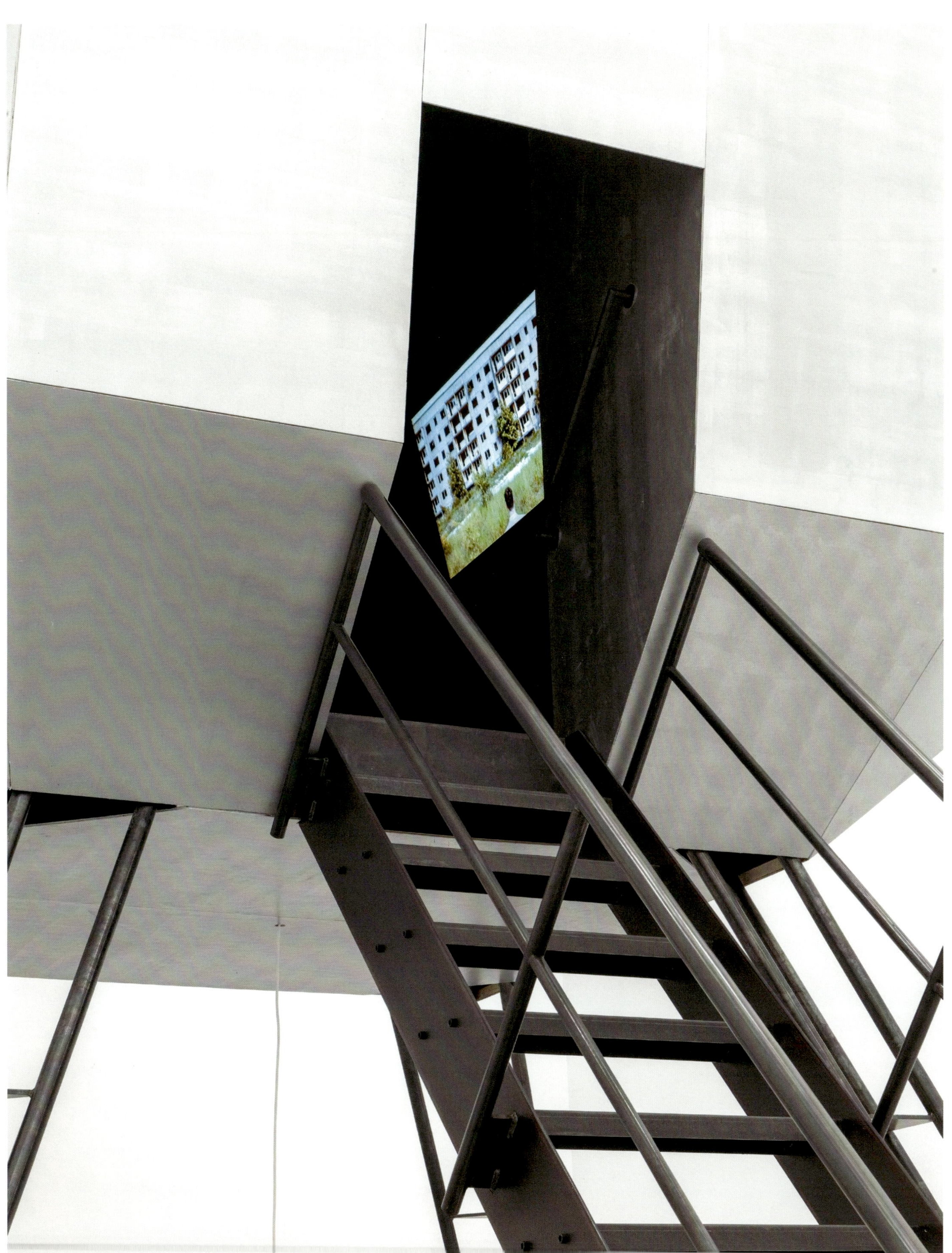

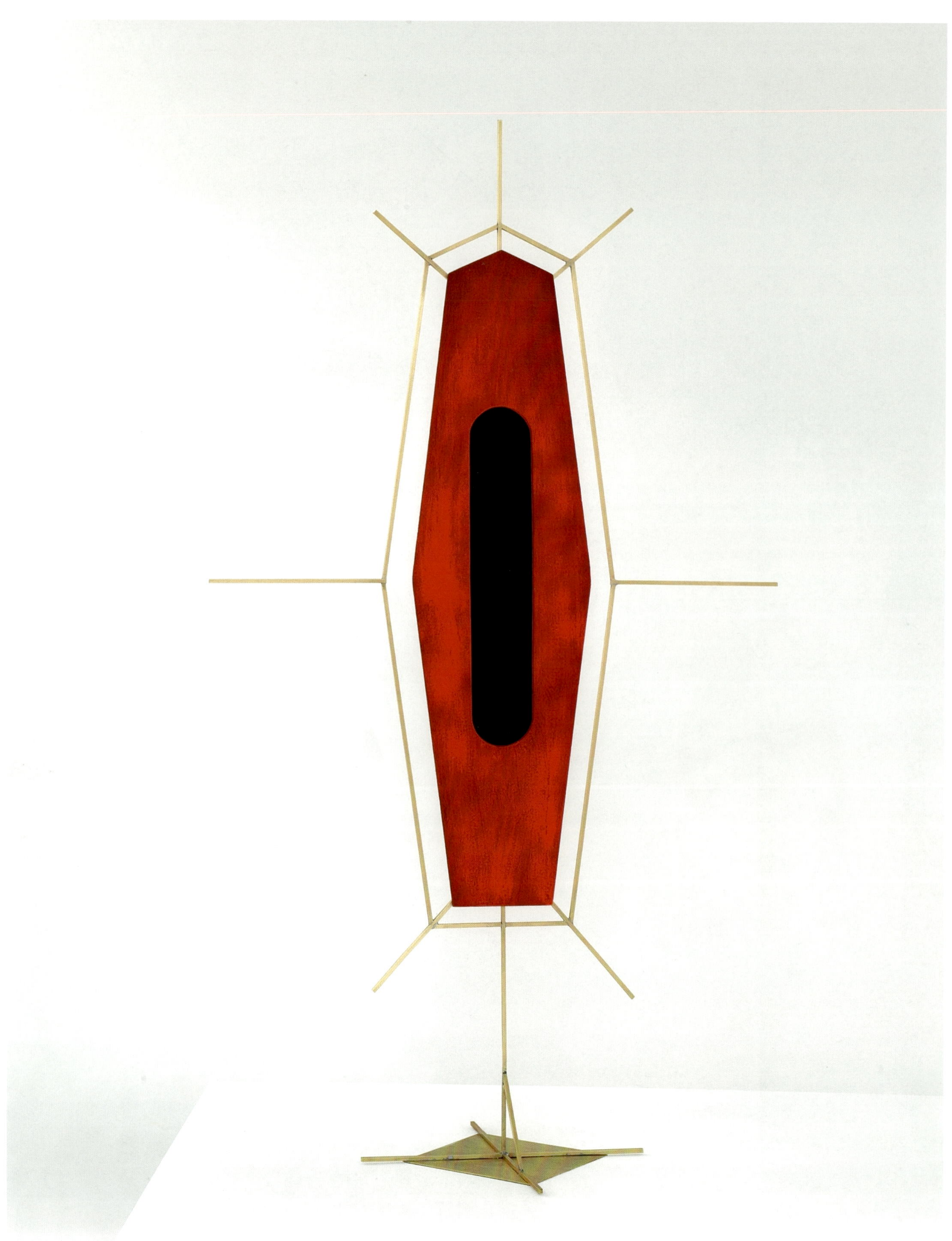

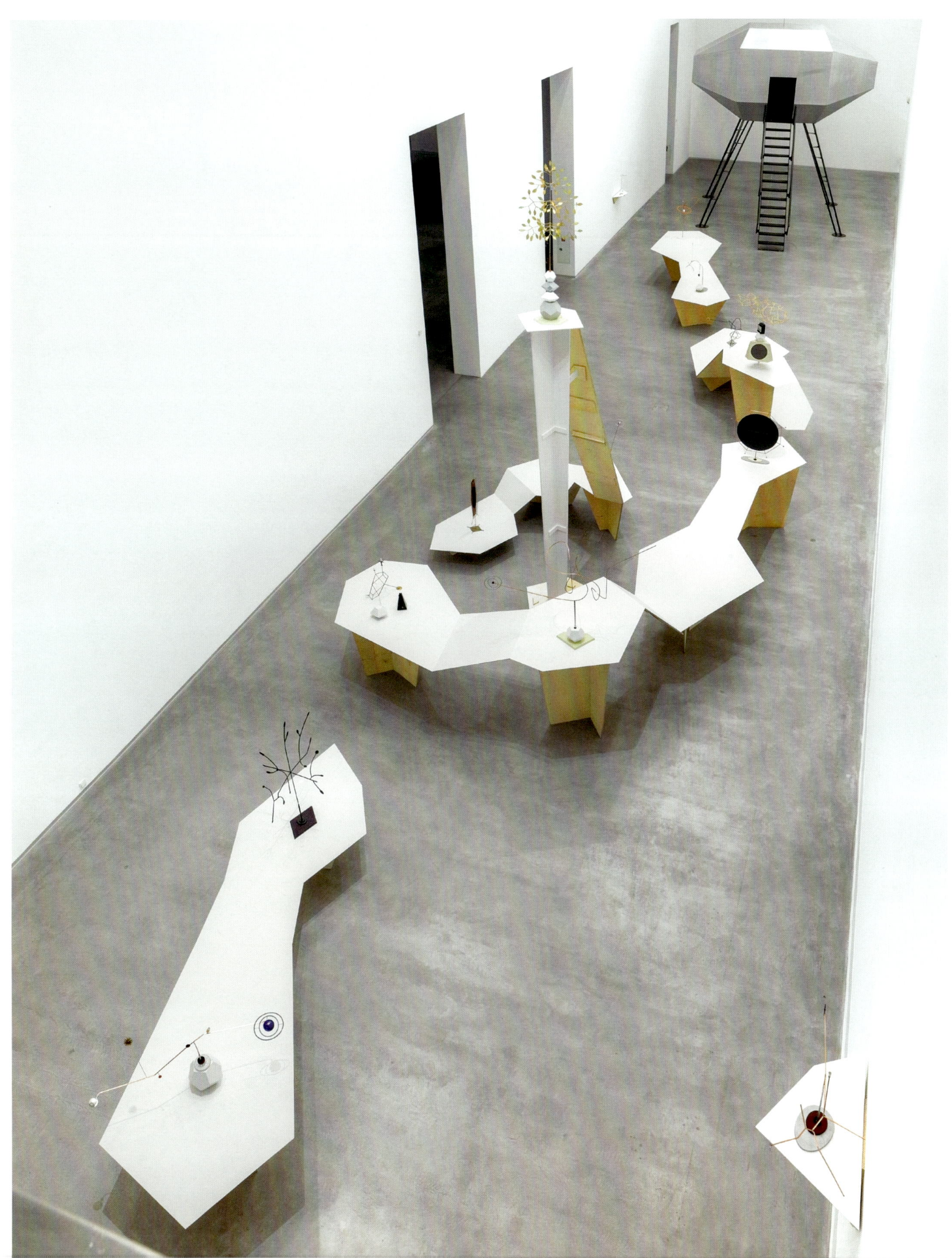

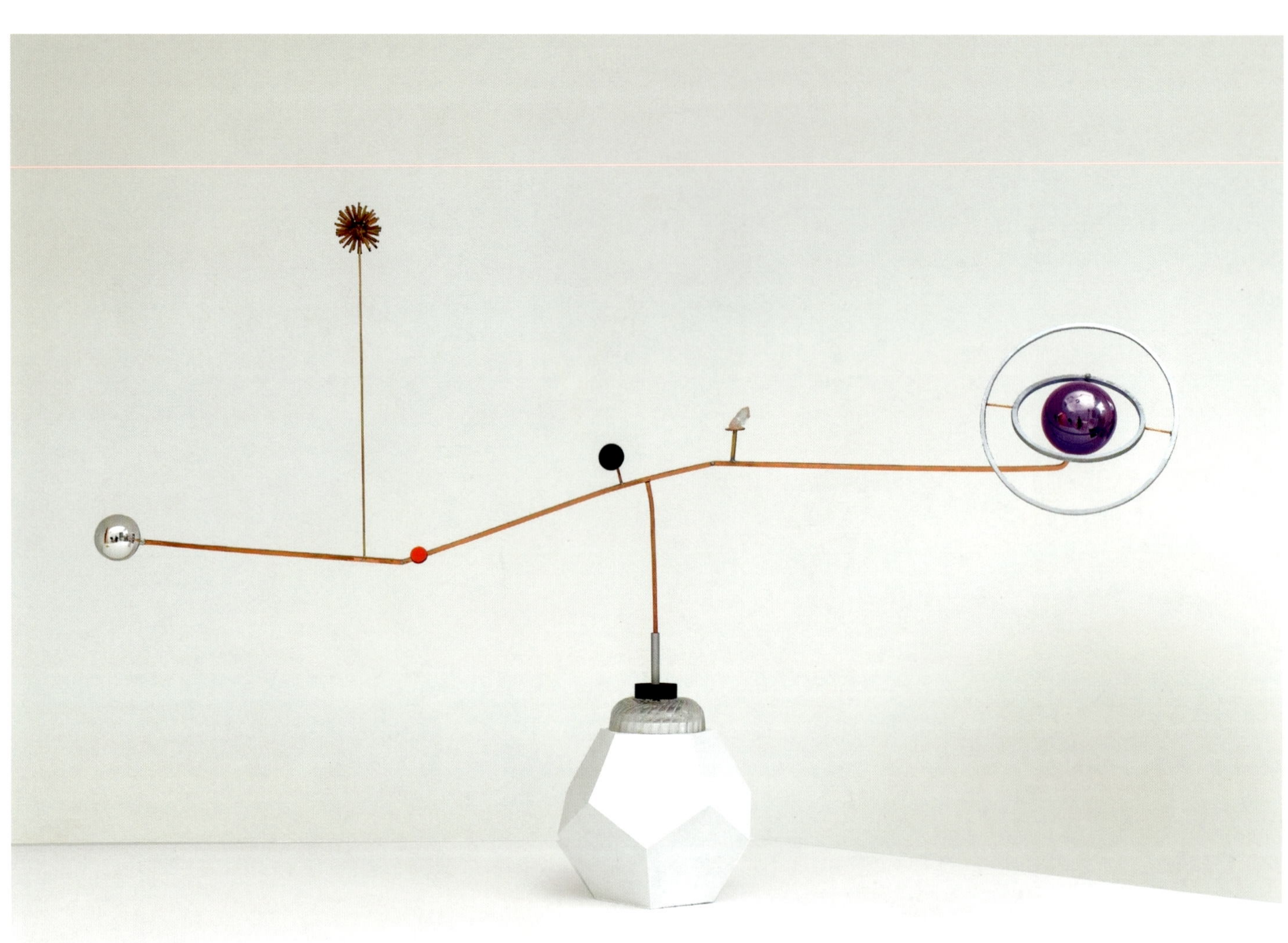

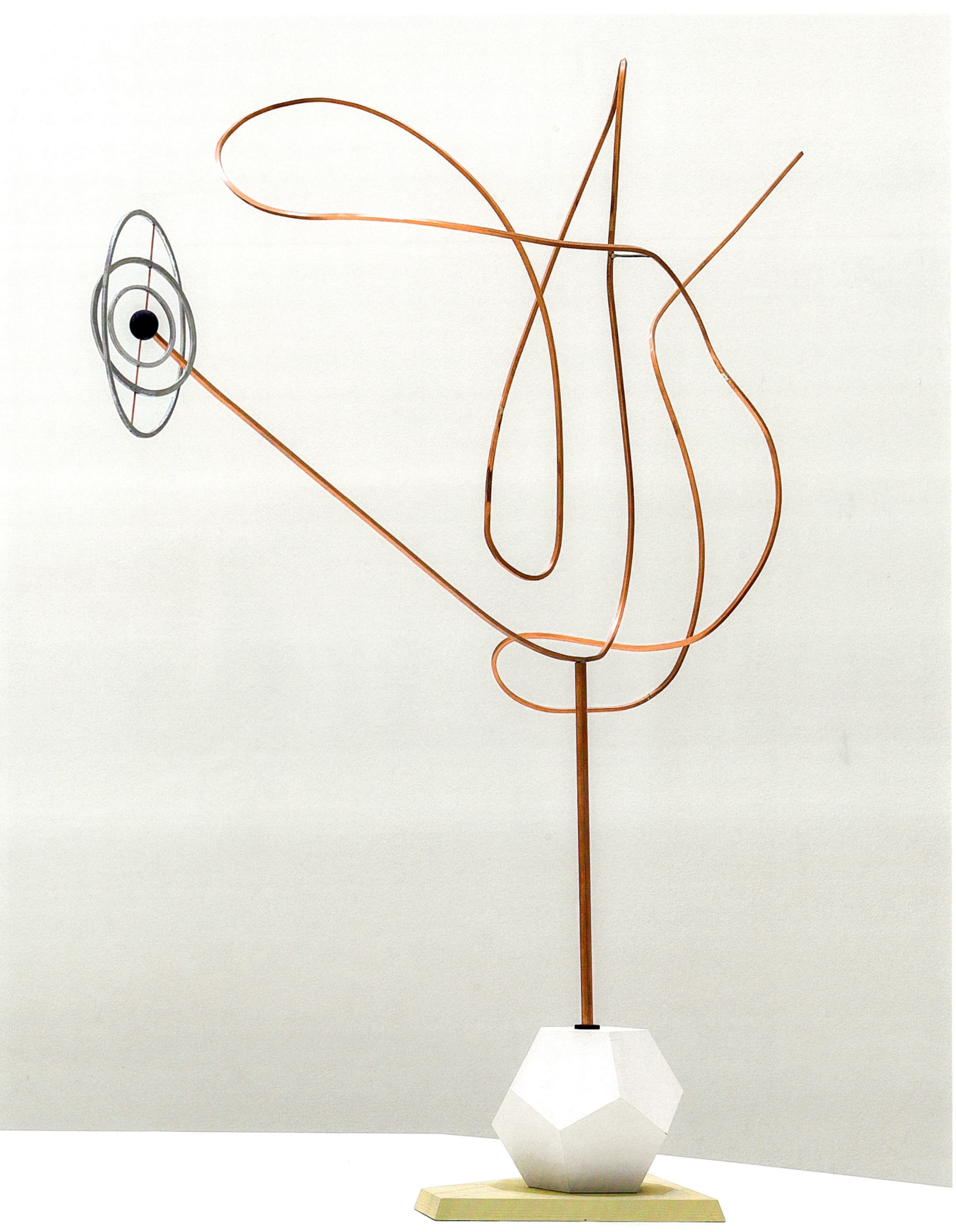

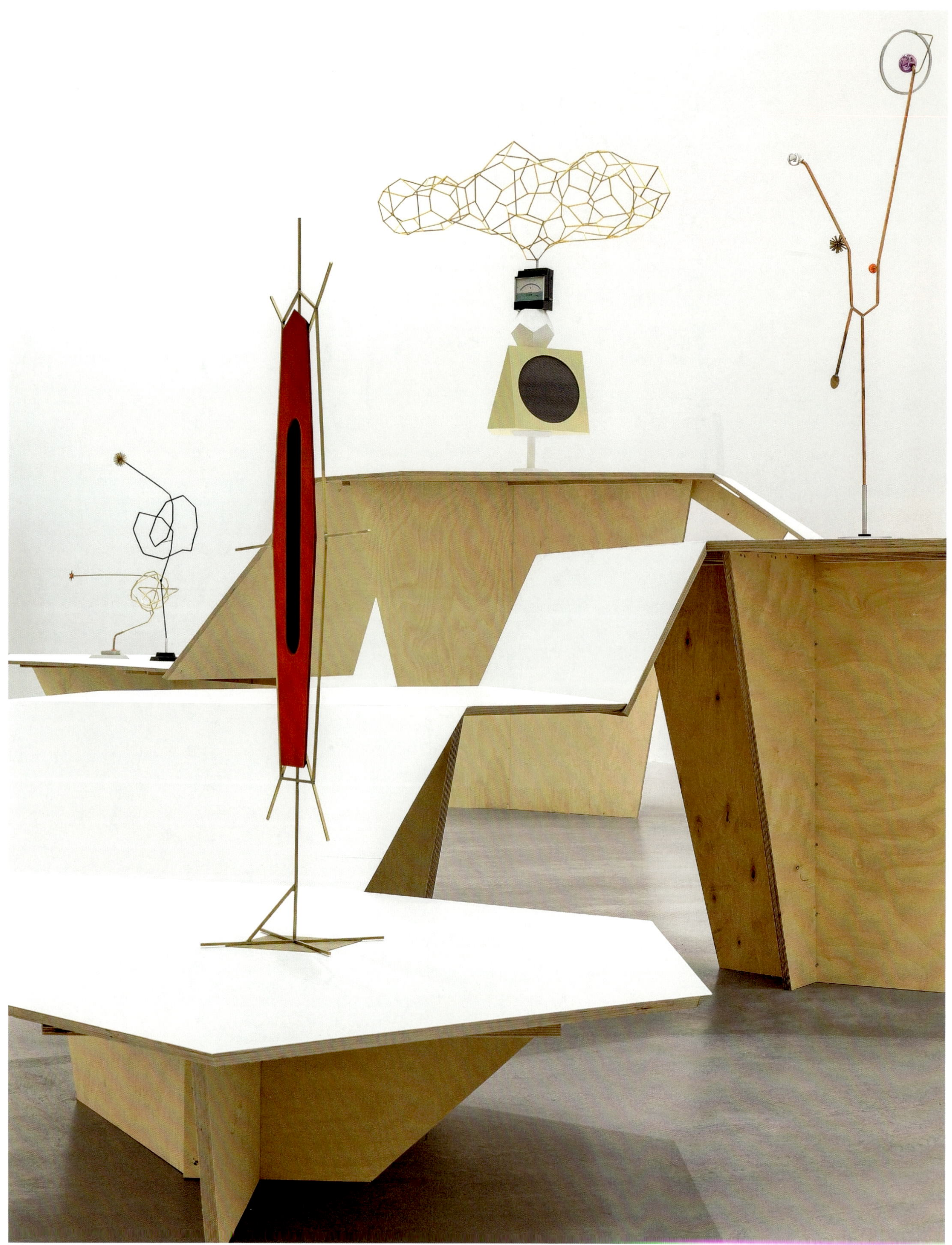

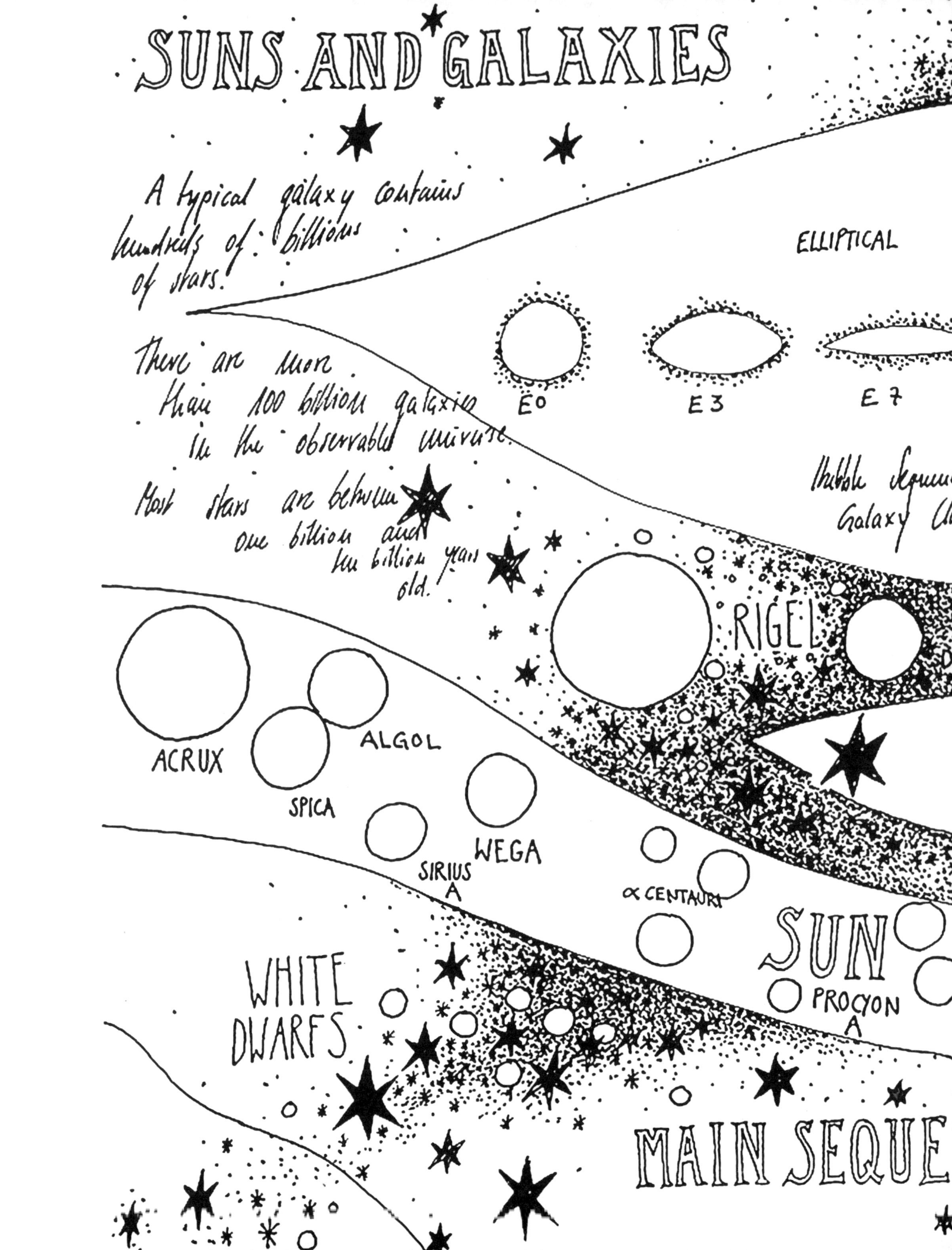

SUNS AND GALAXIES
A typical galaxy contains hundreds of billions of stars.
There are more than 100 billion galaxies in the observable universe.
Most stars are between one billion and ten billion years old.
ELLIPTICAL
E0
E3
E7
Hubble Sequence
Galaxy Classification
RIGEL
ACRUX
ALGOL
SPICA
WEGA
SIRIUS A
α CENTAURI
SUN
PROCYON A
WHITE DWARFS
MAIN SEQUE

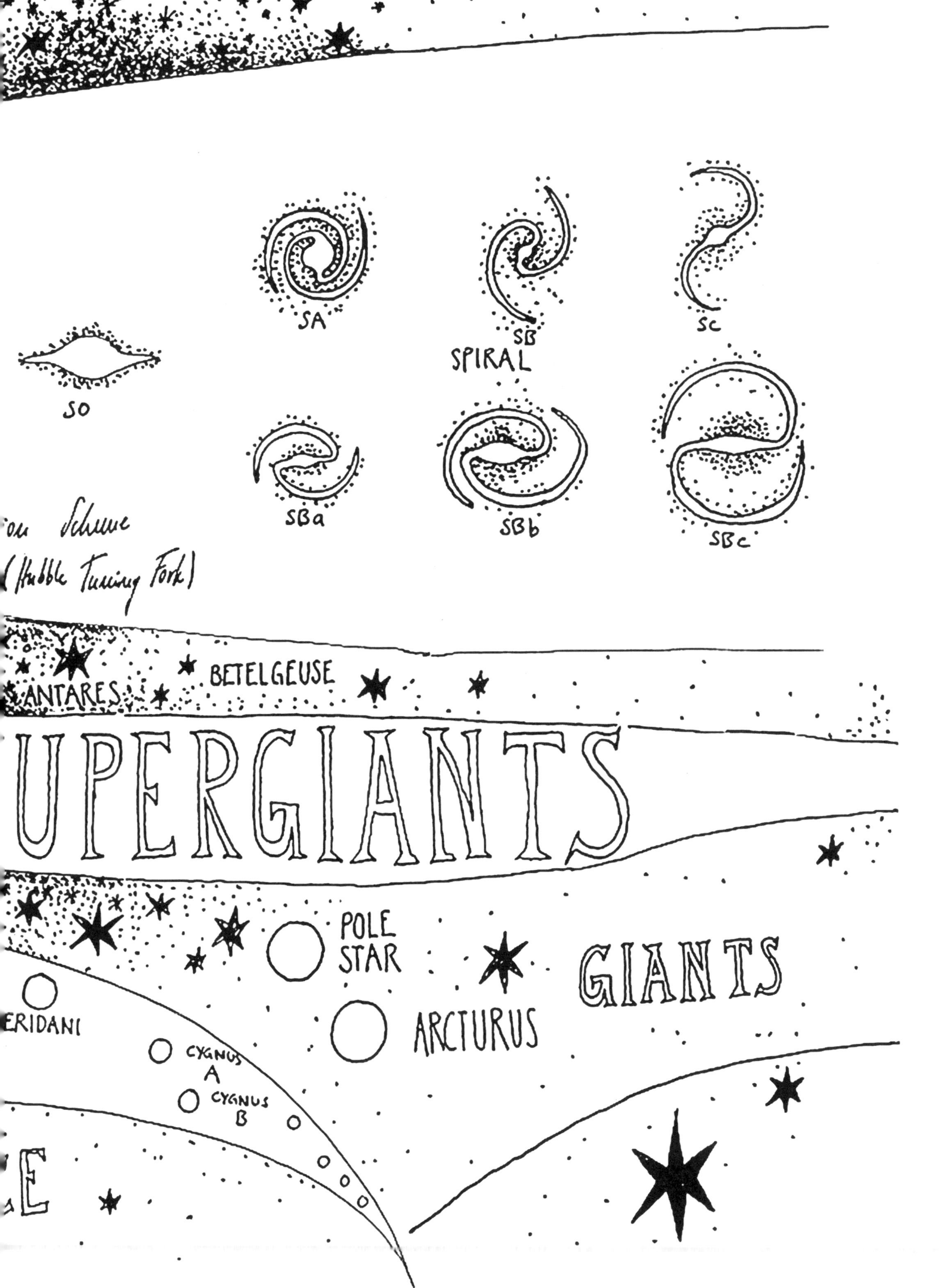

SA
SB
SC
SPIRAL
S0
SBa
SBb
SBc
on Scheme
(Hubble Tuning Fork)
ANTARES
BETELGEUSE
UPERGIANTS
POLE STAR
ARCTURUS
GIANTS
ERIDANI
CYGNUS A
CYGNUS B
E

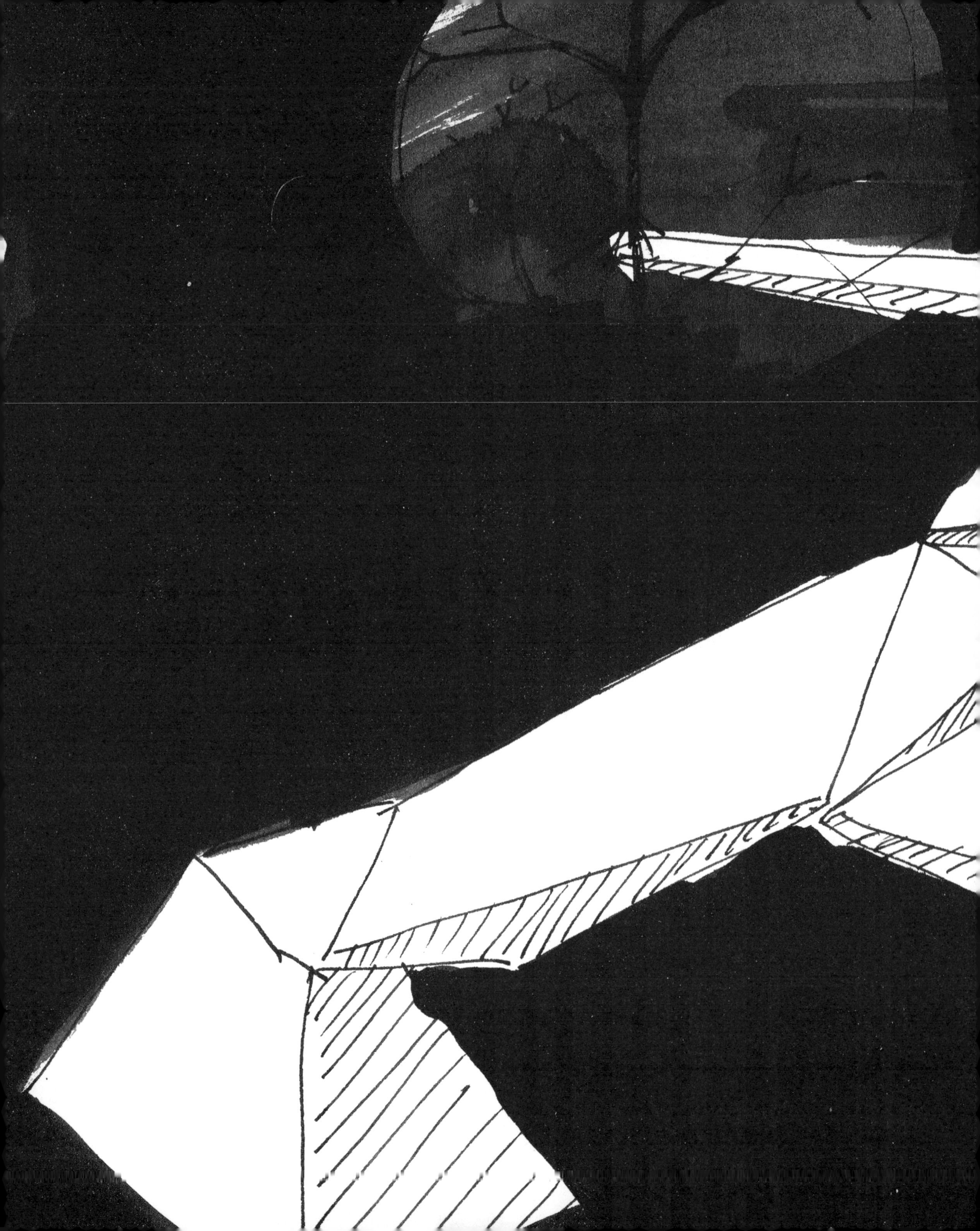

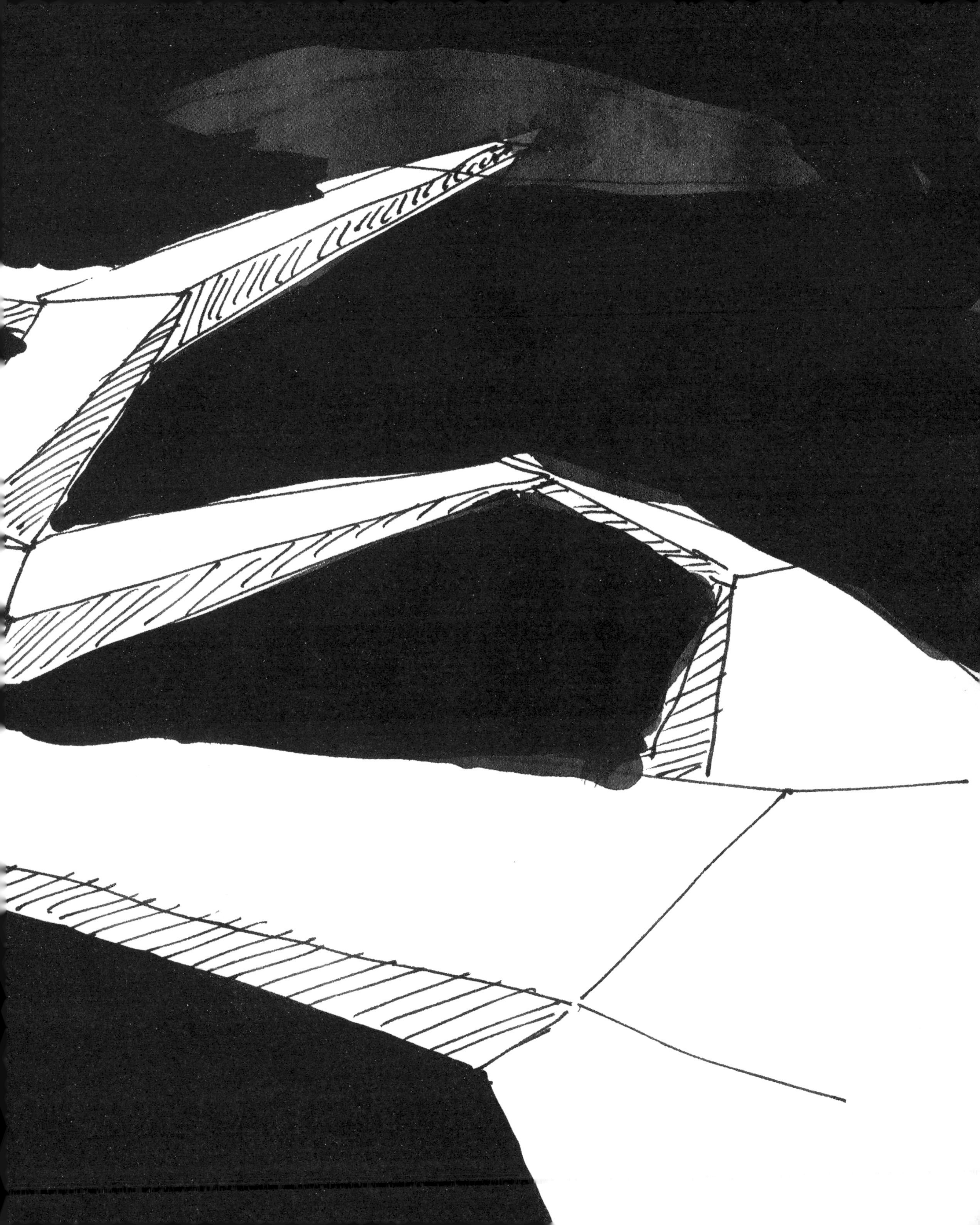

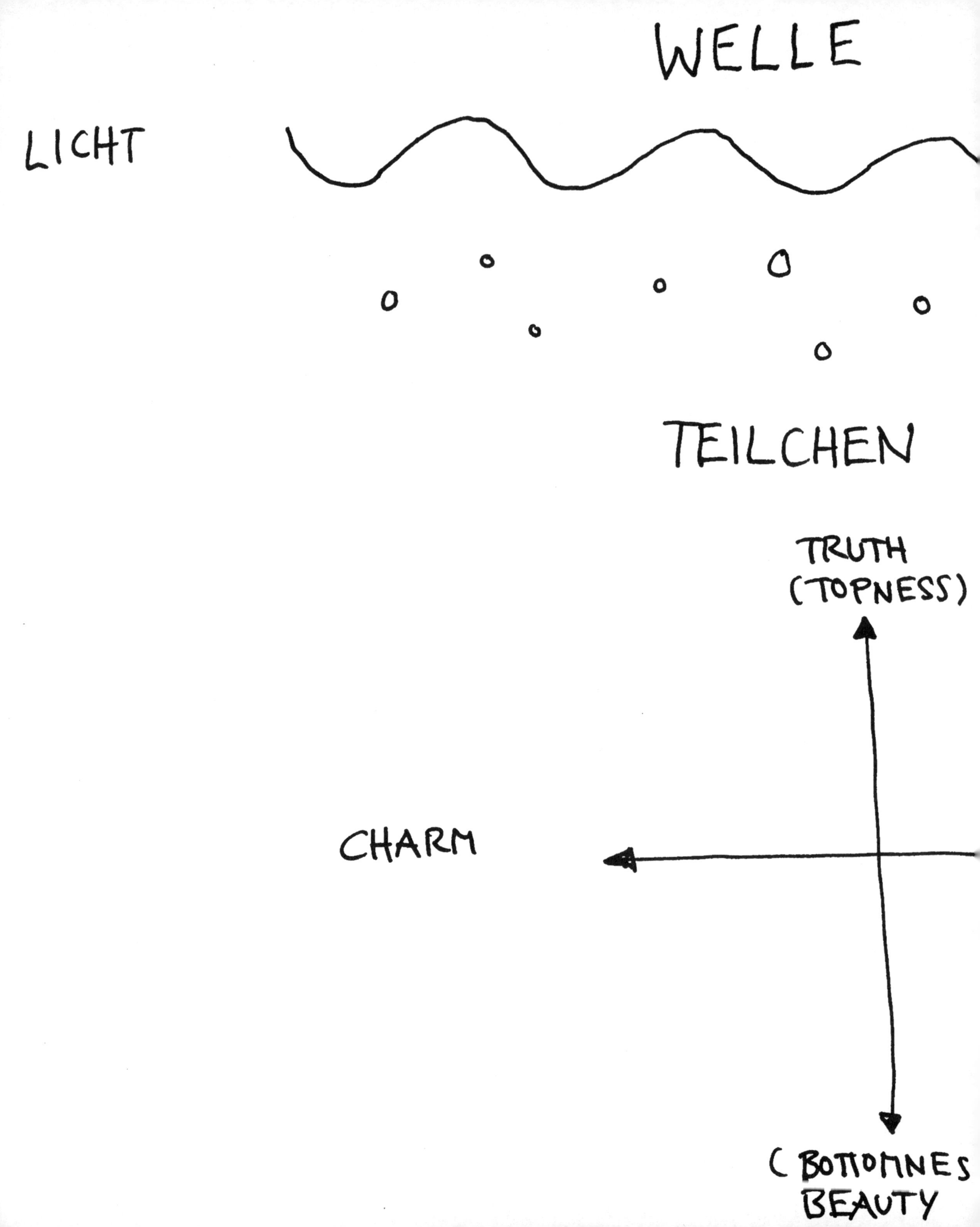

WELLE
LICHT
TEILCHEN
TRUTH
(TOPNESS)
CHARM
(BOTTOMNES
BEAUTY

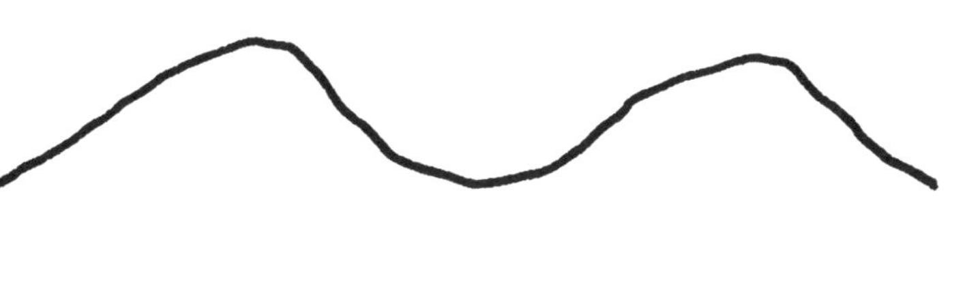

LICHT
BEWUSTSEIN   WELT
INFORMATION
BILDER
STRANGENESS

WELLE MIT Z-BOSON

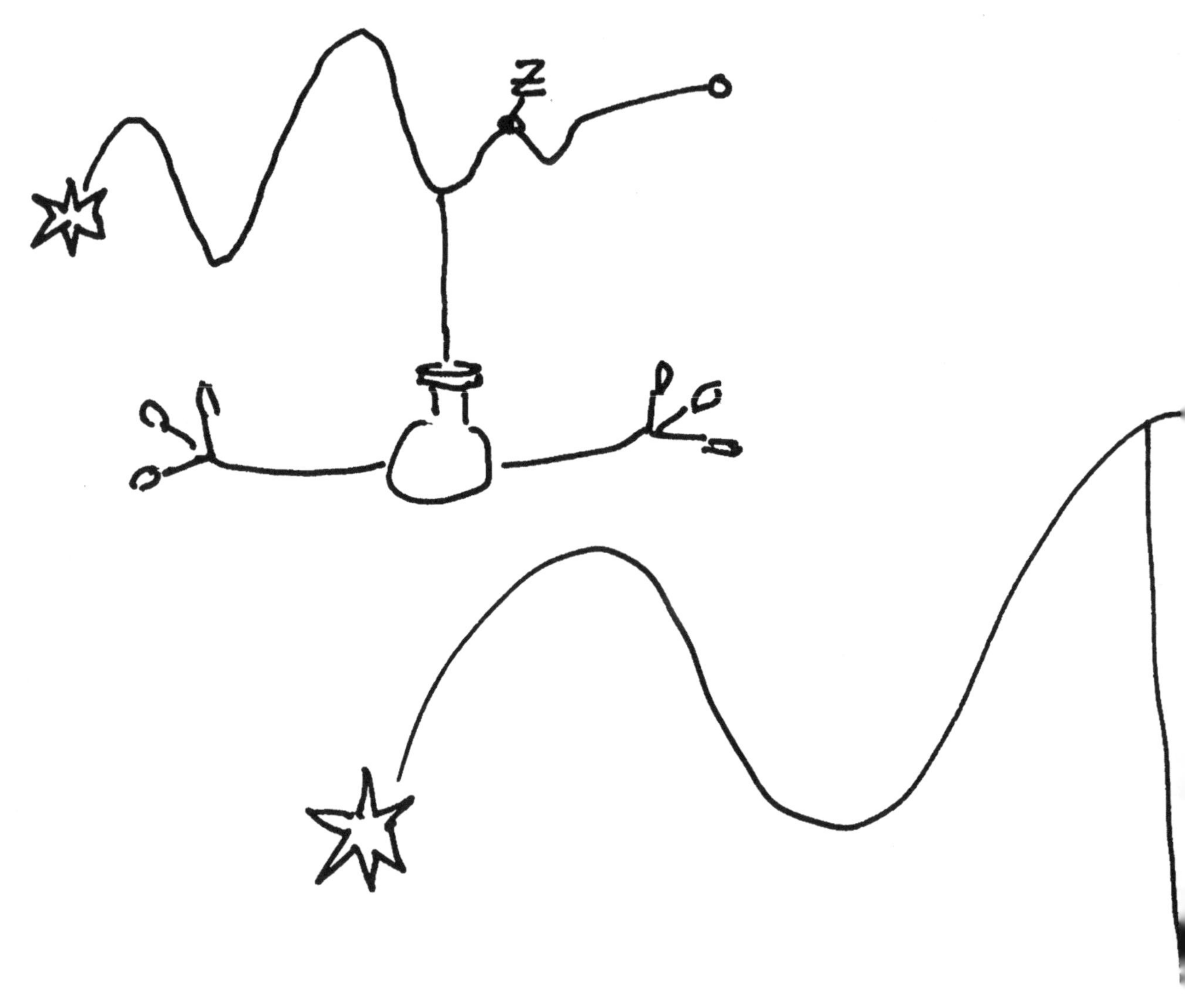

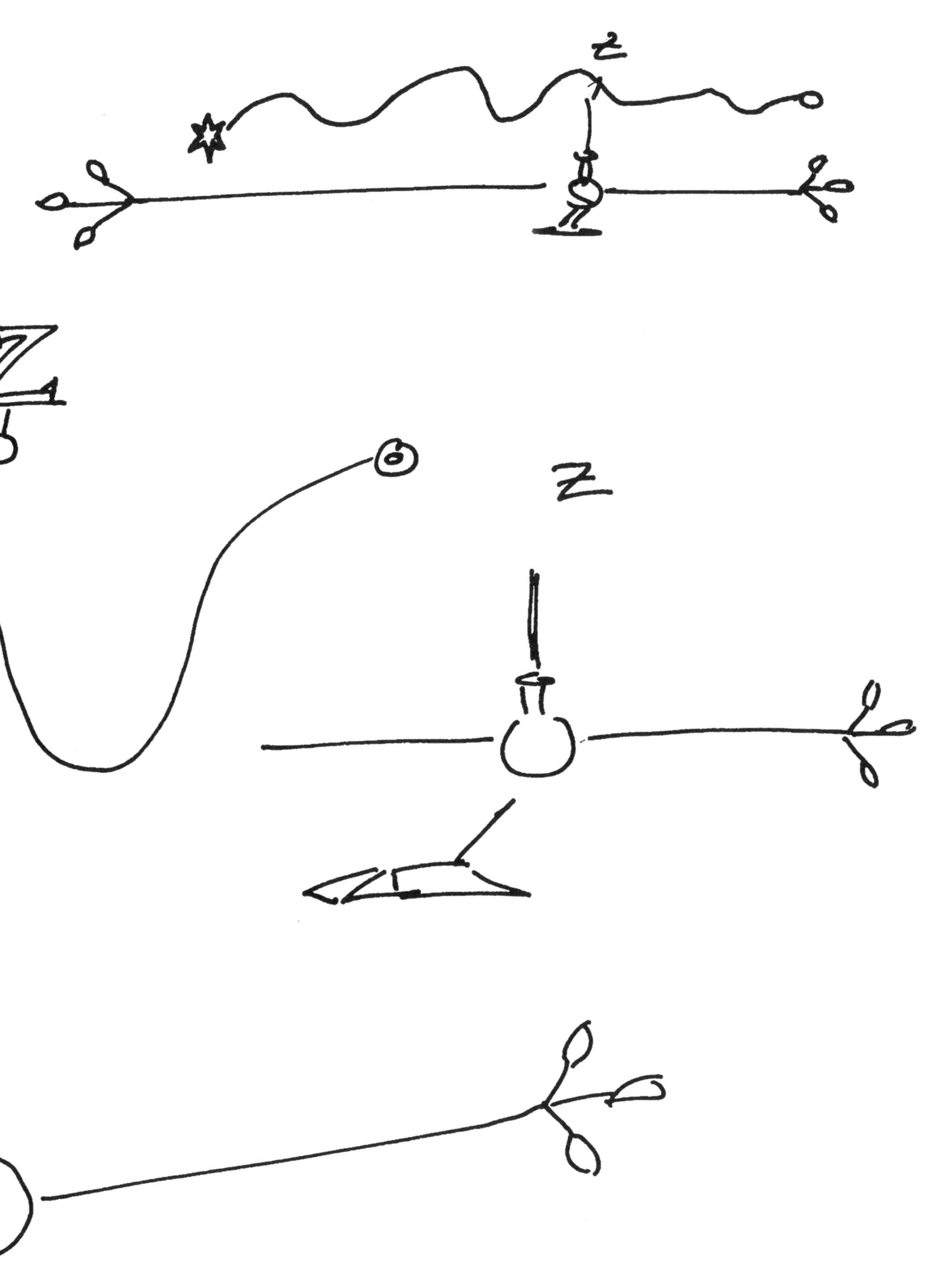

STRING / SUPERSTRING/
THEORY

... ins All ragenden Spitzen
der Erde.

die japanischen
Steingärten
in denen diese Gipfel des Himalaja
wieder auftauchen

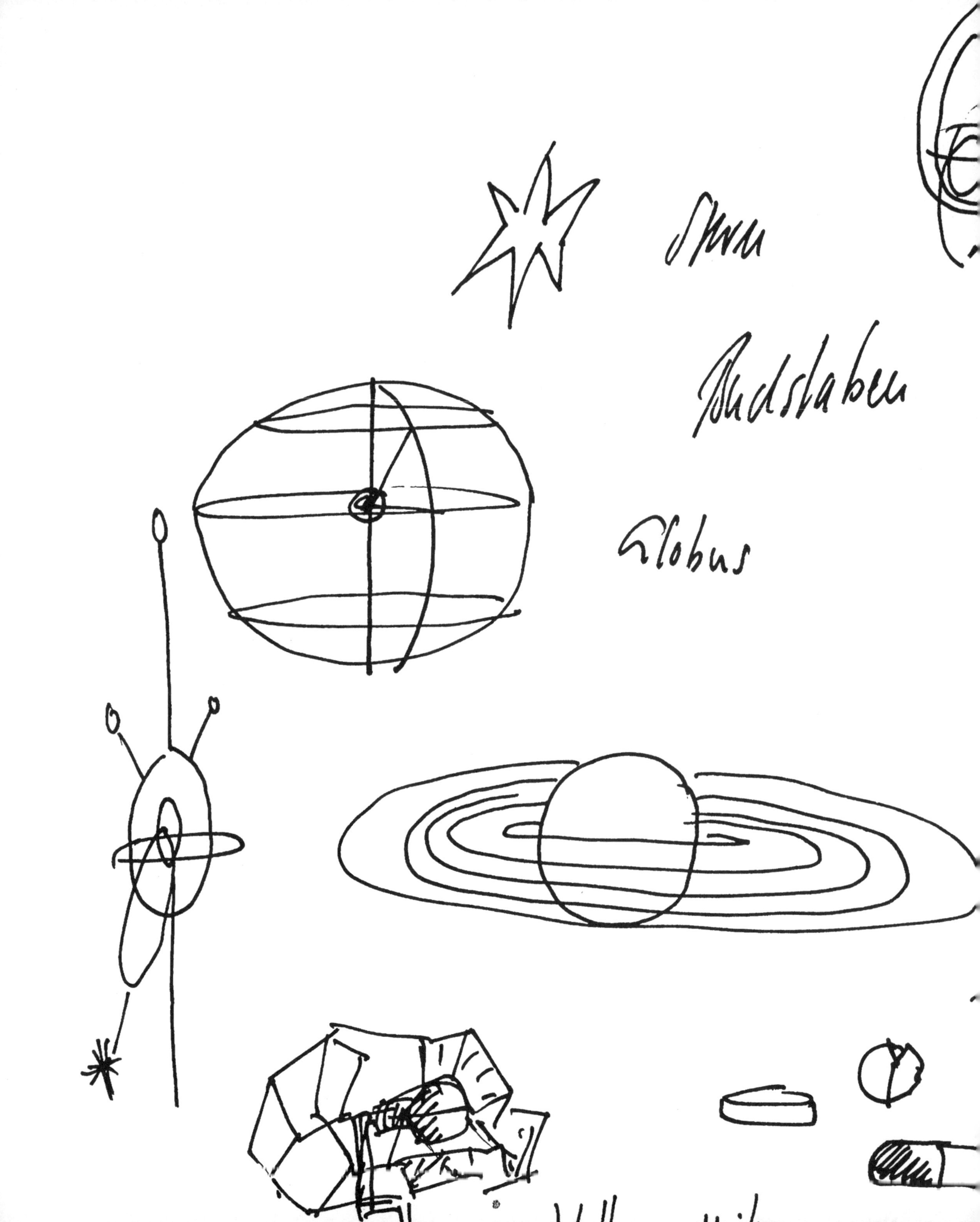

Stern
Buchstaben
Globus

Ringkonstruktion

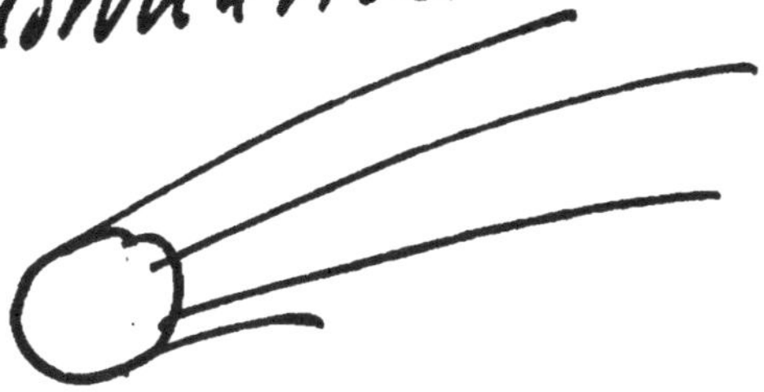

Sputnik

Uhr

gamma, delta, Zett, Pee, Ku

tau,

Fraktur

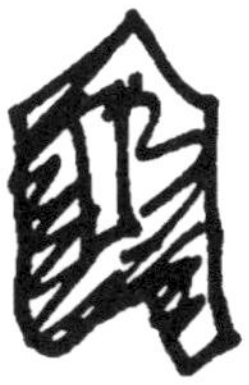

Saturn

Venusfigur

Uhr   Zweige

Zweige

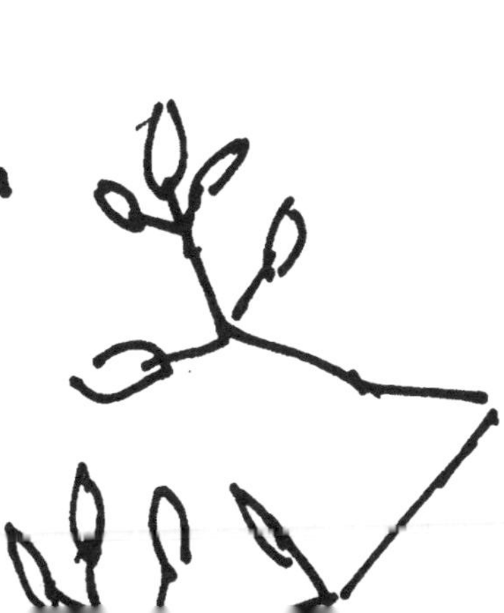

Eichblätter

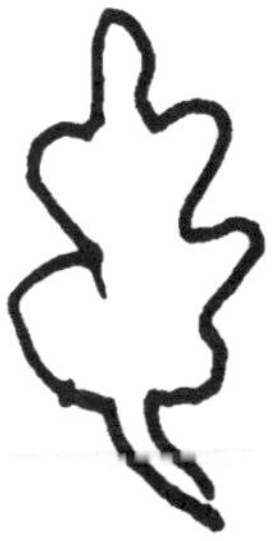

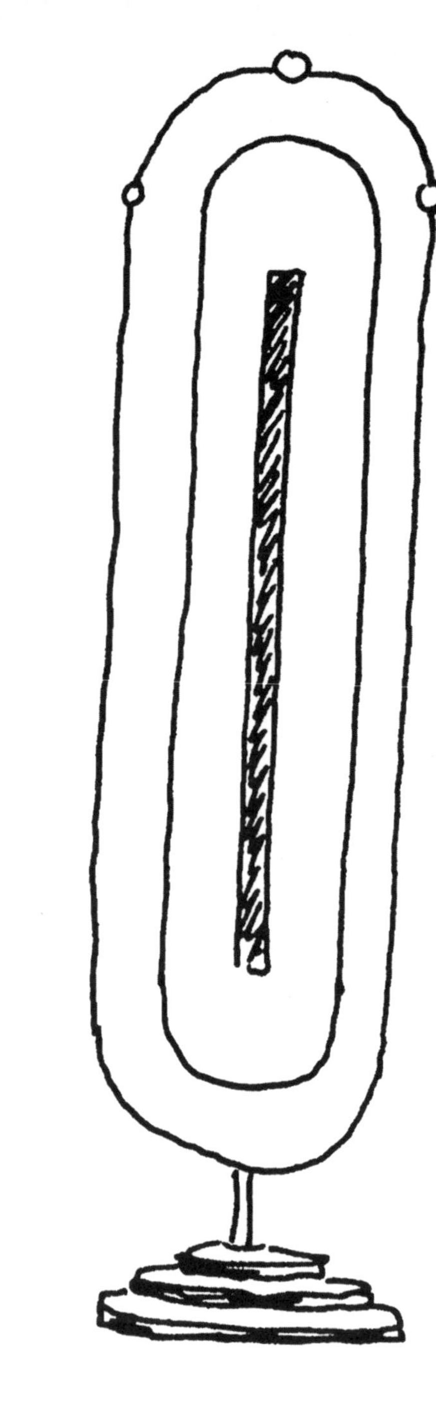

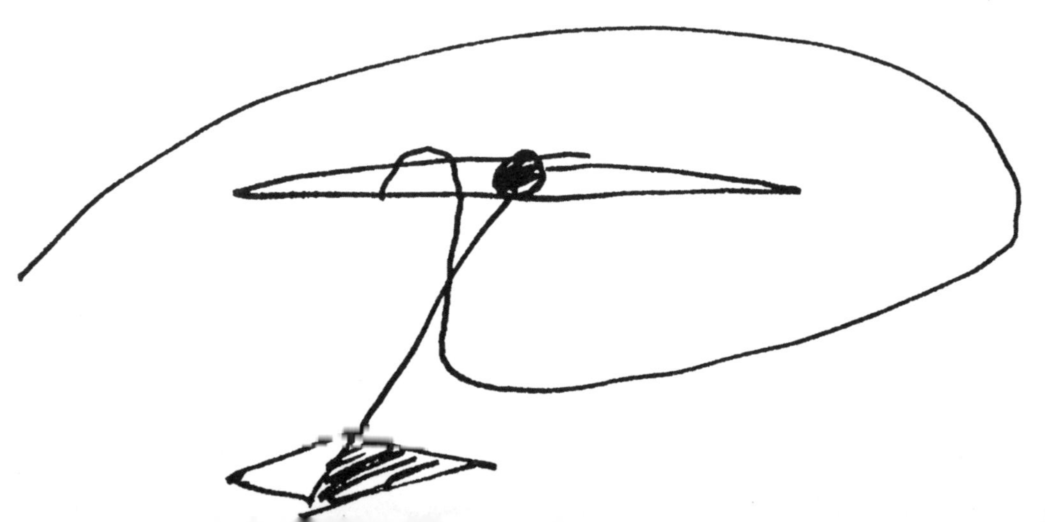

Reflektor
(Schwarzschild)

(4)   Skala

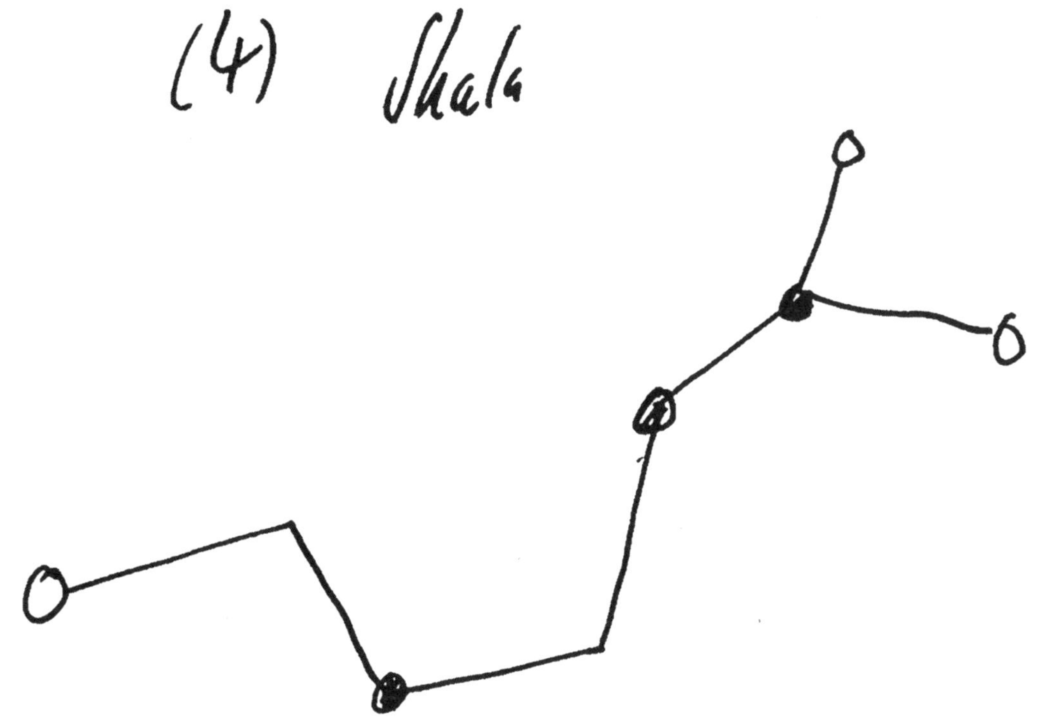

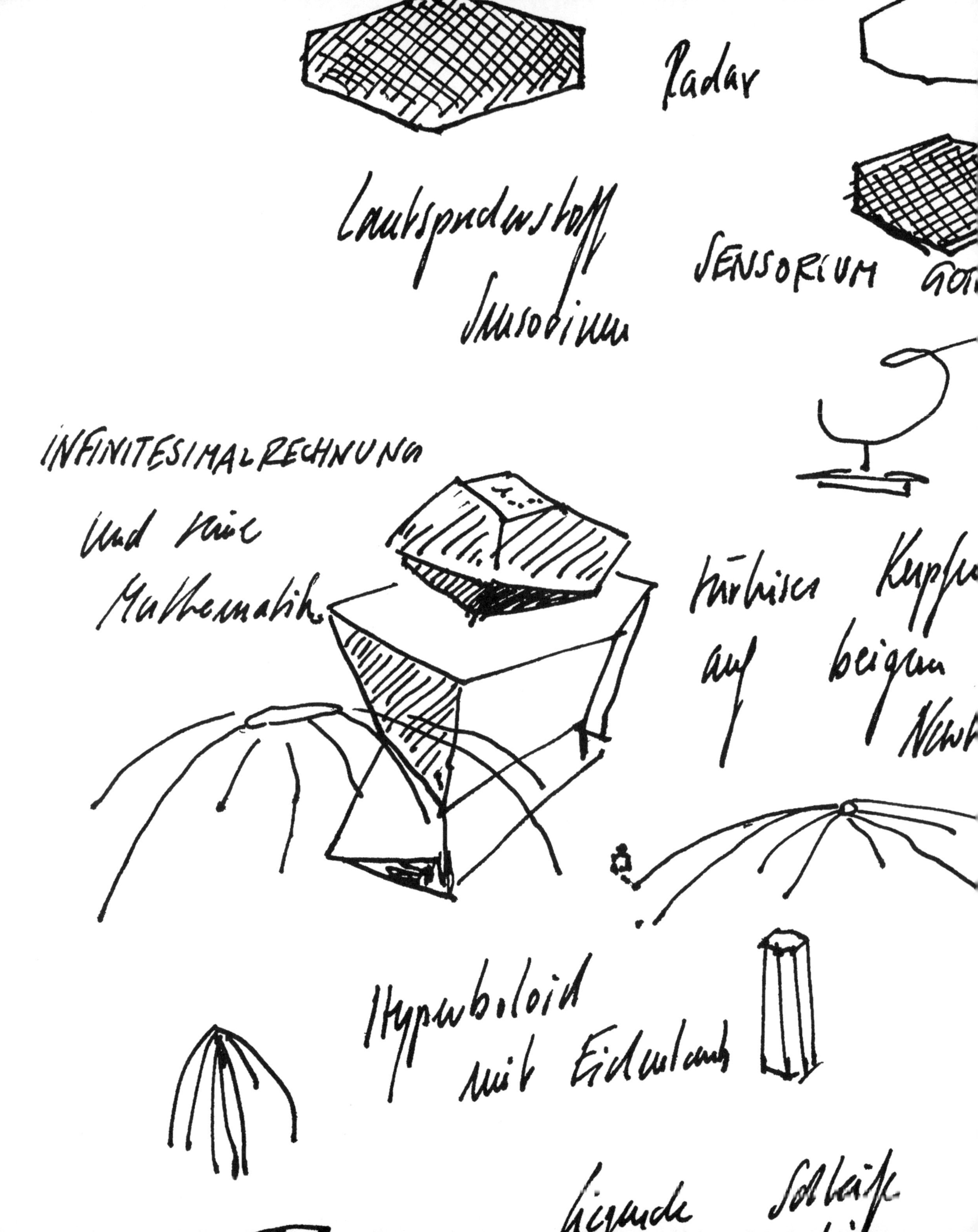

Radar
Lautsprecherstoff
Sensorium
SENSORIUM GOT
INFINITESIMALRECHNUNG
und eine
Mathematik
türkises Kupfer
auf beigem
Newt
Hyperboloid
mit Eichenlaub

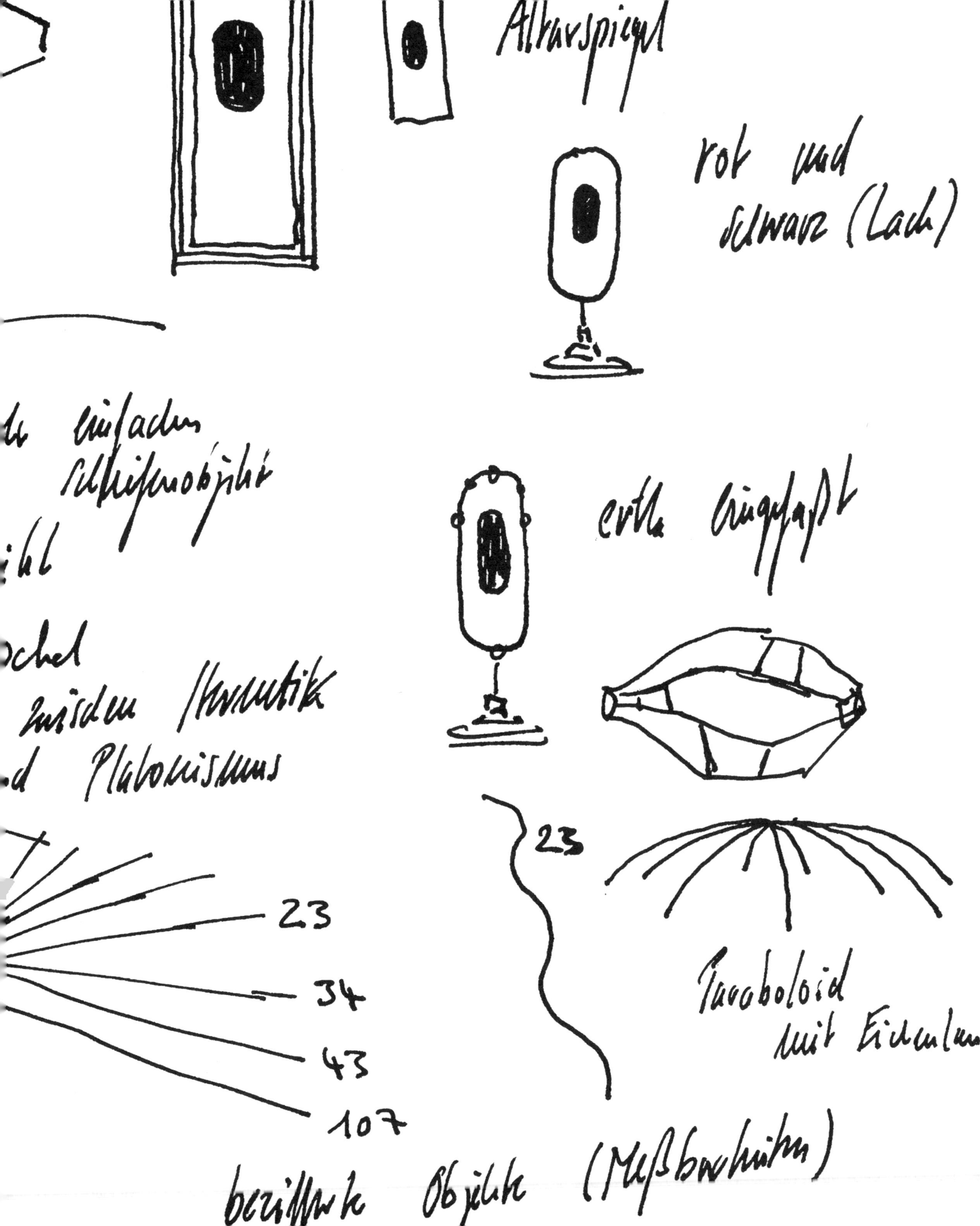

Altarspiegel
rot und
schwarz (Lack)
die einfachen
reihenobjekte
ziel
ochel
zwischen Hermetik
und Platonismus
erste eingefaßt
23
23
34
43
107
Paraboloid
mit Eichenlaub
berührte Objekte (Meßbuchstaben)

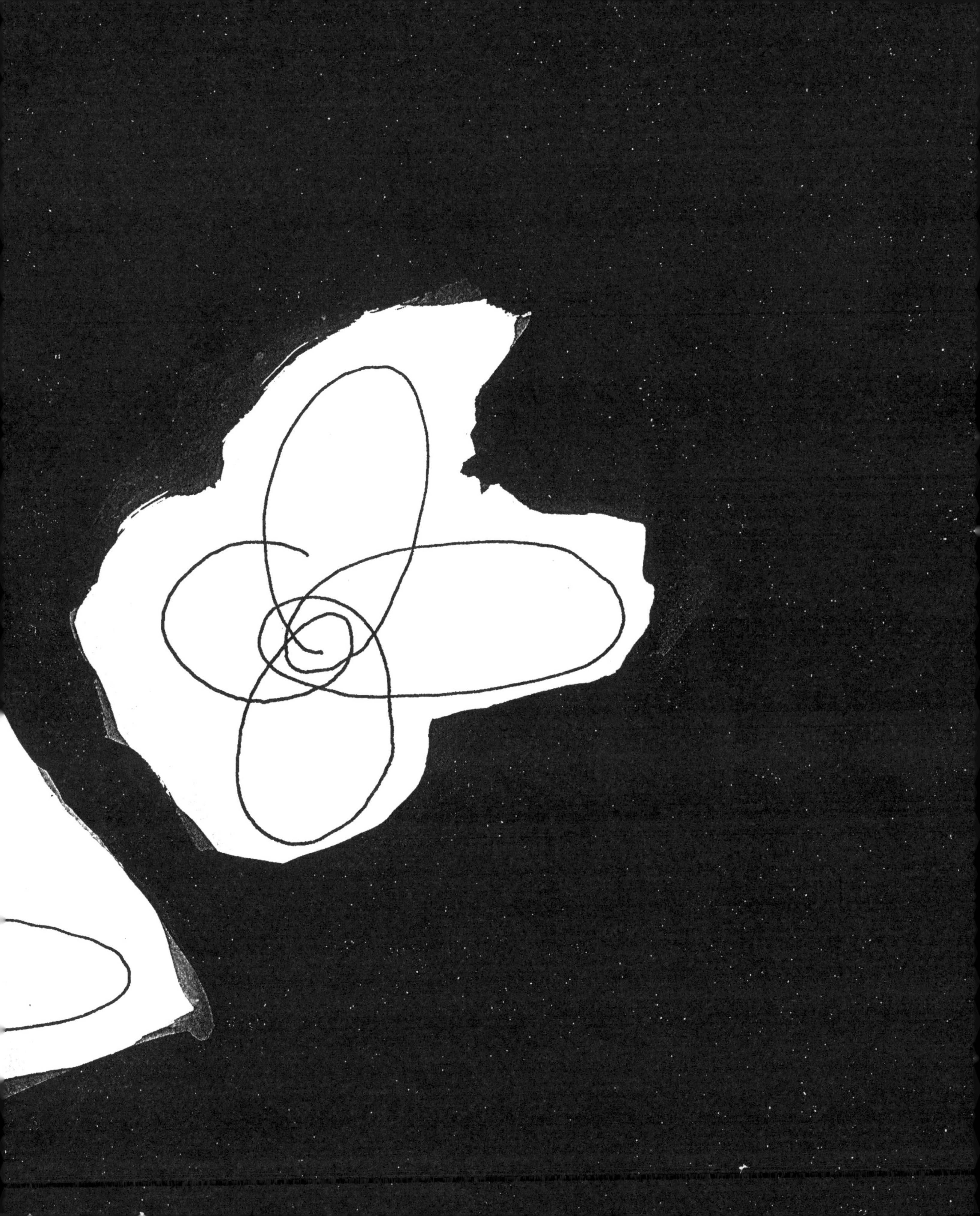

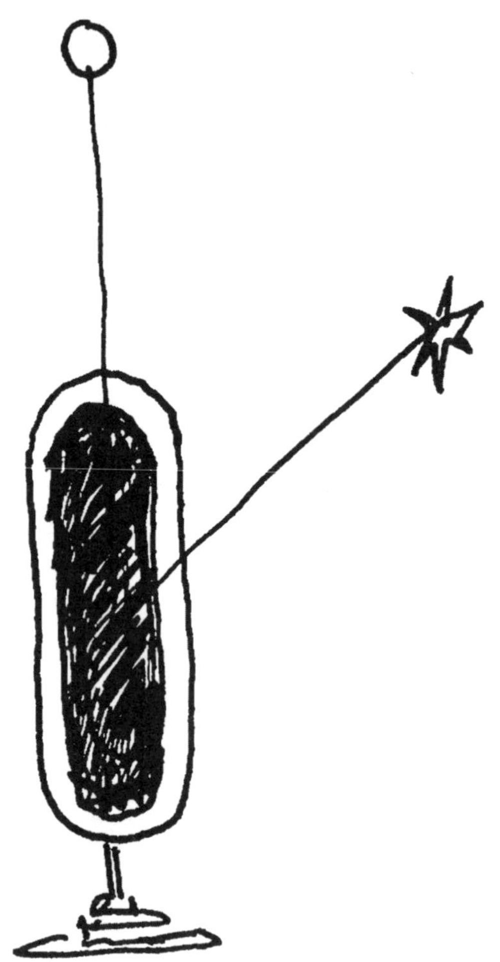

Akrtionsscleibe

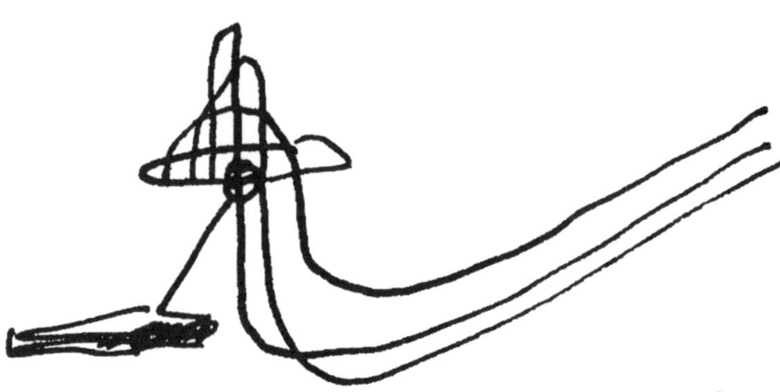

Propagation of light

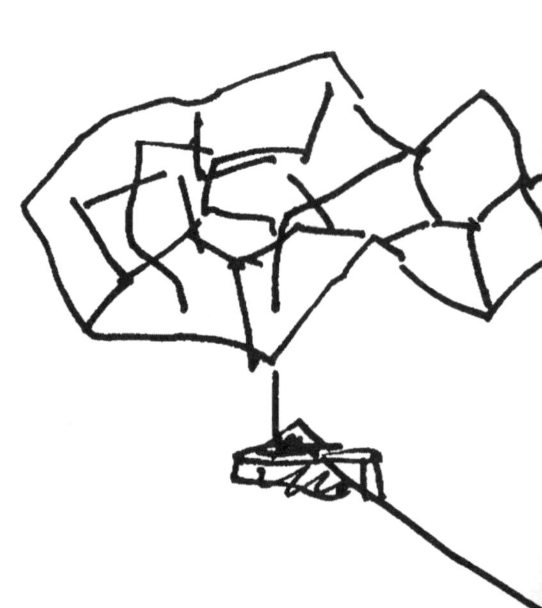

Lichtstrahl
galaktische Wolke
Nebelfleck

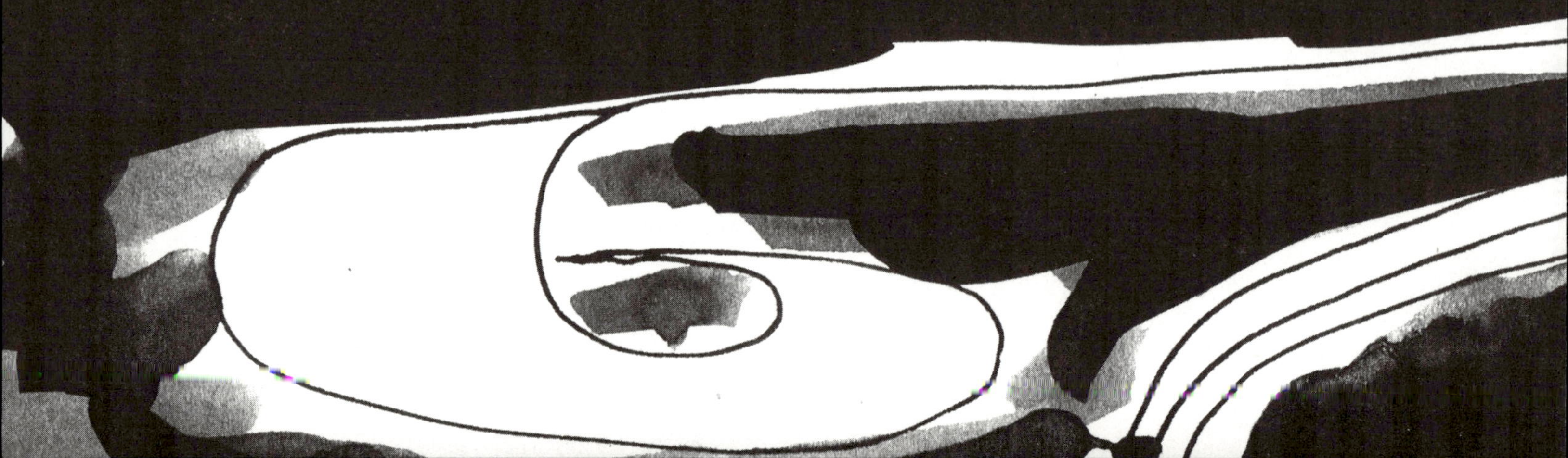

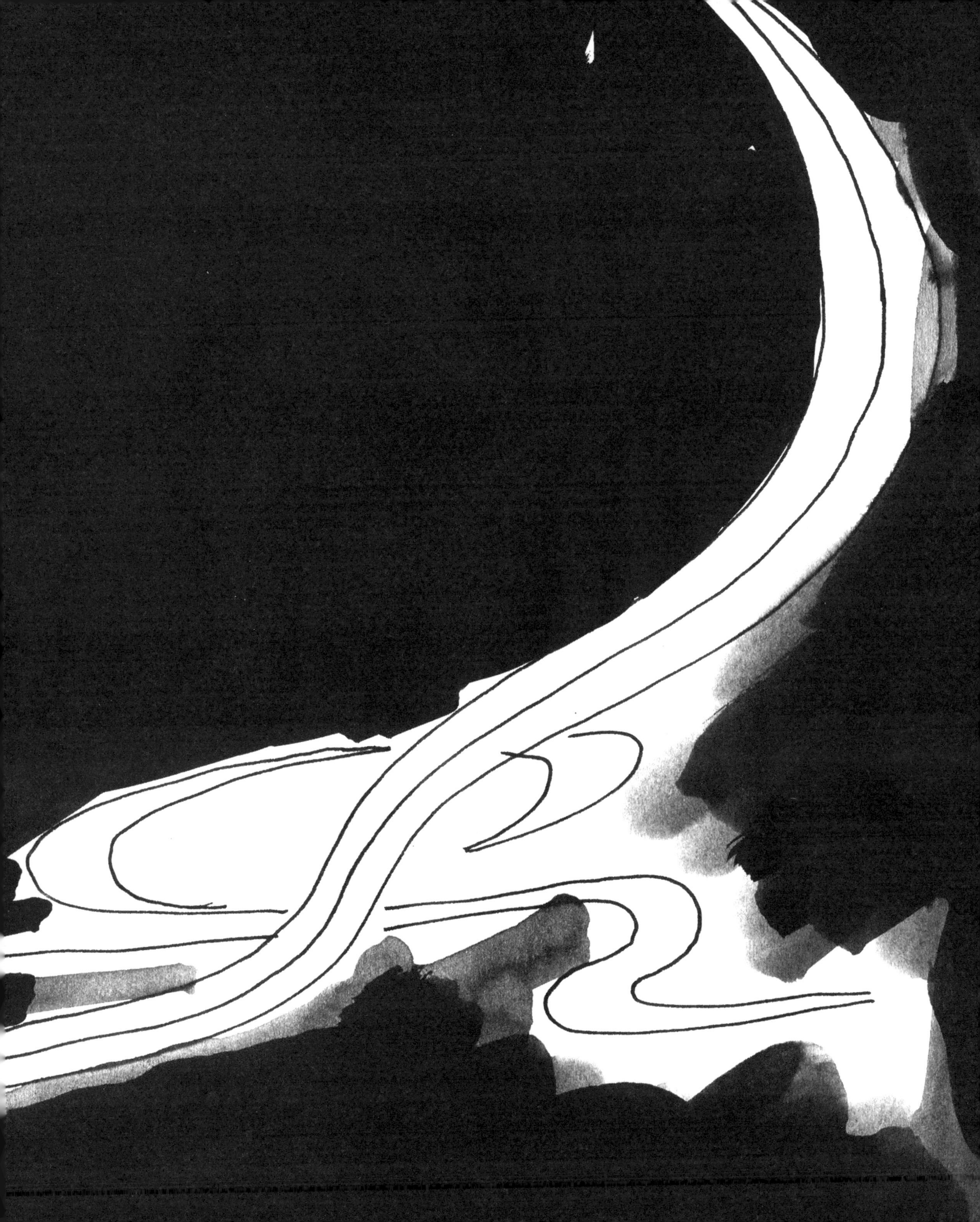

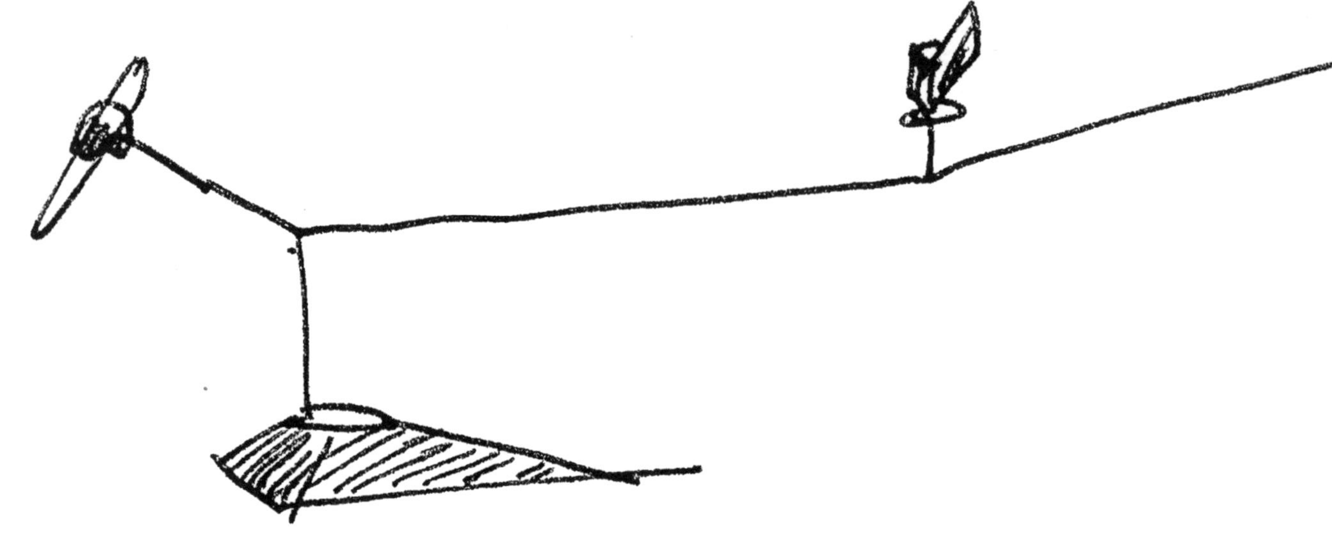

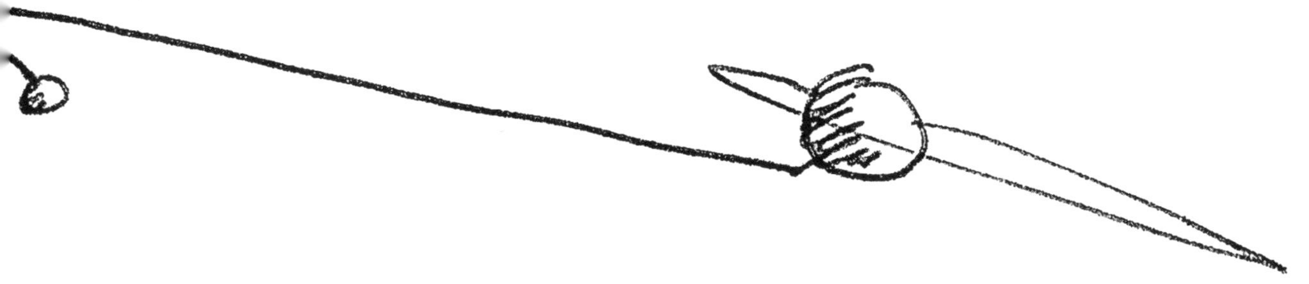

VERZEICHNIS DER AUSGESTELLTEN WERKE / LIST OF EXHIBITED WORKS

Asymptote, 2015 S./p. 49
Messing, Wachtelei, Fichtenzweig, Messzylinder /
brass, quail's egg, spruce branch, measuring cylinder
77 × 62 × 10 cm
Courtesy Galerie Guido W. Baudach, Berlin

Baum, 2015 S./p. 51
Holz, Kupfer, Messing, Lack /
wood, copper, brass, lacquer
188 × 73 × 57 cm
Courtesy Galerie Guido W. Baudach, Berlin

High Velocity Star, 2015 S./p. 54
Holz, Kupfer, Aluminium, Schwefelleber, Lack /
wood, copper, aluminium, liver of sulfur, lacquer
99 × 93 × 34 cm
Courtesy Sies + Höke, Düsseldorf

Lunar Escape Orbits, 2015 S./p. 63
Holz, Kupfer, Stahl, Lack /
wood, copper, steel, lacquer
123 × 179 × 59 cm
Courtesy Galerie Guido W. Baudach, Berlin

Null-Wahrscheinlichkeit (P), 2015 S./p. 53
Holz, Kupfer, Aluminium, Messing, Lack /
wood, copper, aluminium, brass, lacquer
72 × 38 × 14 cm
Courtesy Sies + Höke, Düsseldorf

Orion, Pollux, Castor, 2015 S./p. 64
Holz, Kupfer, Aluminium, Christbaumkugeln,
Lack, Beize /
wood, copper, aluminium, Christmas tree
baubles, lacquer, stain
108 × 38 × 22 cm
Courtesy Sies + Höke, Düsseldorf

Partikelspur, 2015 S./p. 55
Holz, Messing, Lack / wood, brass, lacquer
45 × 99 × 29 cm
Courtesy Sies + Höke, Düsseldorf

Phasendiagramm (Kristallogie), 2015 S./p. 50
Holz, Kupfer, Kiefernzapfen, Bergkristall,
Kupfersulfat, Lack /
wood, copper, pine cones, rock crystal,
copper sulphate, lacquer
126 × 99 × 25 cm
Courtesy Galerie Guido W. Baudach, Berlin

Pollux, Arcturus, Aldebaran, 2015 S./p. 62
Holz, Kupfer, Stahl, Christbaumkugeln,
Bergkristall, Glasschüssel, Lack, Beize /
wood, copper, steel, Christmas tree baubles,

rock crystal, glass dish, lacquer, stain
83 × 128 × 35 cm
Courtesy Sies + Höke, Düsseldorf

Raumschiff (Mare Lunaris), 2015 S./p. 59
Holz, Stahl, Lack, Glühbirnen,
Video (HD, Farbe, Ton, 04:01 Min.) /
wood, steel, lacquer, light bulbs, video
(HD, colour, sound, 04:01 min)
850 × 500 × 500 cm
Courtesy Galerie Guido W. Baudach, Berlin;
Sies + Höke, Düsseldorf

Reflektor (Schwarzer Strahler I), 2015 S./p. 60
Holz, Messing, Schaumstoff, Lack /
wood, brass, foam, lacquer
99 × 58 × 28 cm
Courtesy Sies + Höke, Düsseldorf

Rhea, Triton, Phöbe, 2015 S./p. 56
Holz, Kupfer, Aluminium, Christbaumkugel, Lack /
wood, copper, aluminium, Christmas tree bauble, lacquer
124 × 62 × 51 cm
Courtesy Sies + Höke, Düsseldorf

Schwarzer Strahler II, 2015 S./p. 58
Holz, Kupfer, Schaumstoff, Lack /
wood, copper, foam, lacquer
90 × 80 × 17 cm
Courtesy Guido W. Baudach, Berlin

Strahlkörper mit Metronom
(Kristallogie), 2015 S./p. 56
Holz, Messing, Bergkristall, Tannenspitze, Metronom /
wood, brass, rock crystal, fir tip, metronome
73 × 58 × 66 cm
(Format variabel / dimensions variable)
Courtesy Sies + Höke, Düsseldorf

Streuprozess (Fraktal), 2015 S./p. 52
Holz, Kupfer, Aluminium, Glaskristall, Blattgold,
Lack, Beize /
wood, copper, aluminium, glass crystal, gold leaf,
lacquer, stain
99 × 116 × 51 cm
Courtesy Sies + Höke, Düsseldorf

Strontium, 2015 S./p. 56
Holz, Kupfer, Schwefelleber, Lack /
wood, copper, liver of sulfur, lacquer
127 × 93 × 78 cm
Courtesy Galerie Guido W. Baudach, Berlin

Wolke (Radar), 2015 S./p. 64
Holz, Aluminium, Stahl, Messgerät, Schaumstoff, Lack /
wood, aluminium, steel, measuring device, foam, lacquer
136 × 126 × 48 cm
Courtesy Sies + Höke, Düsseldorf

EINZELAUSSTELLUNGEN / SOLO SHOWS

2015   **Kosmorama,** *Sies + Höke, Düsseldorf*

2014   **Agujero Negro (Cygnus X-1),** *Matadero Contemporary Art Center, Madrid*
Orbits of High Velocity Stars, *Galerie Guido W. Baudach, Berlin*

2013   **Theatrum Mundi,** *Hiromi Yoshii Gallery, Tokio / Tokyo*
Melancholia (Systema Saturnium), *Galerie Guido W. Baudach, Berlin*

2012   **The End of It All,** *Kunstverein Braunschweig* [1]
Henry Butzer und Boris Dahlem: Sibirien Forellen Express Teil 3 (mit / with André Butzer), *Kunstverein Heppenheim*
Silencio, *Oldenburger Kunstverein, Oldenburg*
Strahlen, *Sies + Höke, Düsseldorf*

2011   **Henry Butzer und Boris Dahlem: Sibirien Forellen Express 2001 (mit / with André Butzer),** *Galerie Guido W. Baudach, Berlin*
The Unknown, *Galerie Fons Welters, Amsterdam*
Aus fernen Welten (Focus Imaginarius), *Kerstin Engholm Galerie, Wien / Vienna*

2010   **Die Theorie des Himmels III – Focus Imaginarius,** *Galerie Guido W. Baudach, Berlin*
Die Theorie des Himmels I – Die Milchstraße, *KIT – Kunst im Tunnel, Quadriennale 2010, Düsseldorf* [1]
The Magic Mountain, *Kunstraum Innsbruck*
Björn Dahlem, *Fondazione Morra Greco, Neapel / Naples*

2009   **The Theory of Heaven I – Bright Matter,** *La Conservera, Centro de Arte Contemporáneo, Murcia* [1]
The Island, *Galerie Guido W. Baudach, Berlin*

2008   **The Universe,** *Hiromi Yoshii Gallery, Tokio / Tokyo*
Butzer / Dahlem (mit / with André Butzer), *Galería Heinrich Ehrhardt, Madrid*
The Dream Tank, *Alison Jacques Gallery, London*

2007   **Helle Materie,** *Magazin4 – Bregenzer Kunstverein, Bregenz*
The Milky Way, *Galerie Guido W. Baudach, Berlin*

2006   **The Homunculus Saloon,** *Engholm Engelhorn Galerie, Wien / Vienna*

2005   **Strange Attractor,** *Hiromi Yoshii Gallery, Tokio / Tokyo*
Der Nie-Mehr-Morgen-Raum, *Galerie Luis Campaña, Köln / Cologne*

2004   **Solaris,** *UCLA Hammer Museum, Los Angeles*
Utopia Planitia II, *Hamburger Bahnhof – Museum für Gegenwart, Berlin* [1]
Utopia Planitia I, *FRAC Provence-Alpes-Côte d'Azur, Marseille*
Lost in Werner, *The Modern Institute, Glasgow*

2003   **Coma Sculptor,** *Friedrich Petzel Gallery, New York*
Im Krypton, *Maschenmode Galerie Guido W. Baudach, Berlin*
Im Zentralkristall, *Kabinett für aktuelle Kunst, Bremerhaven*

2002   **Betaflor (mit / with Dirk Skrebber),** *Galería Heinrich Ehrhardt / Galería Elba Benitez, Madrid*
Orgasmodrom, *Galleria Giò Marconi, Mailand / Milan*
Aua Extrema II, *Galerie Kerstin Engholm, Wien / Vienna*

2001   **Club Superspace III,** *Kunstverein in Hamburg* [1]
Club Superspace II, *Kunsthalle St. Gallen* [1]
Club Superspace I, *Kunstverein Freiburg*
Sibirien Forellen Express (mit / with André Butzer), *Maschenmode Galerie Guido W. Baudach, Berlin*

1999   **Club Horror Vacui,** *Galerie Luis Campaña, Köln / Cologne*
Die Shiva-Matrix (mit / with Michel Majerus), *Schnitt-Raum, Köln / Cologne*
Bermuda, *Simultanhalle, Köln / Cologne*

1998   **Matthias Lahme, thanks for the Neil Tennent Leidenschaft (mit / with Tine Furler),** *Kunstverein Offenburg*

GRUPPENAUSSTELLUNGEN (AUSWAHL) / GROUP SHOWS (SELECTION)

2015 **Lichtparcours: Auftakt,** *Kunstverein Braunschweig*

2014 **Outer Space. Der Weltraum zwischen Kunst und Wissenschaft,** *Bundeskunsthalle, Bonn* [1]
Scheinwerfer. Lichtkunst in Deutschland im 21. Jahrhundert, Teil 2, *Kunstmuseum Celle mit Sammlung Robert Simon, Celle*
Object and Environment, *Galerie Guido W. Baudach, Berlin*

2013 **Die gestundete Zeit,** *Sies + Höke, Düsseldorf*
Risk Society, *MoCA Taipei*
Defining Space, *Die Bastei, Köln / Cologne*
Fritz Winter. Das Innere der Natur, *Kunstmuseum Stuttgart* [1]

2012 **Bitzer Dahlem Hildebrandt,** *Philara – Sammlung zeitgenössischer Kunst, Düsseldorf*
Portfolio 2, *Kunsthalle Rostock* [1]
Le Trac, *Frontviews Gallery, Berlin*
Wir sind alle Astronauten. Universum Richard Buckminster Fuller im Spiegel zeitgenössischer Kunst, *Zeppelin Museum, Friedrichshafen*

2011 **Mondes Inventés. Mondes Habités,** *Mudam Luxembourg / Luxemburg*
Wunder, *Deichtorhallen Hamburg*
OUR MAGIC HOUR – How Much of the World Can We Know?, *Yokohama Triennale 2011, Yokohama*
Wir sind alle Astronauten. Universum Richard Buckminster Fuller im Spiegel zeitgenössischer Kunst, *MARTa Herford* [1]
The Shape of Things to Come: New Sculpture, *The Saatchi Gallery, London*
Experimental Station. Research and Artistic Phenomena, *CA2M Centro de Arte Dos de Mayo, Móstoles, Madrid* [1]
Weltraum. Die Kunst und ein Traum, *Kunsthalle Wien, Vienna*

2010 **Groupshow (with parents),** *Niklas Schechinger Fine Art, Hamburg*
Was das Viereck heute noch ist: Abstraktion der Abstraktion, *European Fine Art, Berlin*
Superkeit, *Anna Klinkhammer Galerie, Düsseldorf*

originalfunktional, *Wiener Art Foundation, Wien / Vienna*
Take Me to Your Leader! The Great Escape into Space, *The National Museum of Art, Architecture and Design, Oslo* [1]
Dunkle Materie, *Humboldt Umspannwerk, Berlin*
Rod Bianco Gallery invites Galerie Guido W. Baudach, *Rod Bianco Gallery, Oslo*
FischGrätenMelkStand, *Temporäre Kunsthalle Berlin* [1]
Next Generation, *Kunstmuseum St. Gallen*
Hypernatural, *Kfz-Werkstatt, Berlin*
Open Light in Private Spaces, *Biennale für Internationale Lichtkunst Ruhr, Unna*
Arrivals and Departures, *Mole Vanvitelliana, Ancona*
100th Exhibition, *Autocenter, Berlin*

2009 **amor fati,** *Galerie Guido W. Baudach, Berlin*
Germania: New Art from Germany, *The Saatchi Gallery, London* [1]
Das Blaue Licht – Der Hang zum Kristallinen in Kunst und Design, *Kunstverein Medienturm, Graz* [1]
Stardust, *Park De Oude Warande, Tilburg*
On a Clear Day I Can See Forever, *Bureau Cultuurmakelaar Tilburg*
1999, *China Art Objects Galleries / Cottage Home, Los Angeles*
Berlin2000, *PaceWildenstein, New York* [1]

2008 **Fabricateurs d'espaces,** *Institut d'art contemporain, Villeurbanne*
Mare Humorum 1, *Hiromi Yoshii Gallery, Tokio / Tokyo*
No Illusions, *Kai 10 | Raum für Kunst, Düsseldorf* [1]
That's The Way It Is, *Galerie Guido W. Baudach, Berlin* [1]
Vertrautes Terrain – Aktuelle Kunst in & über Deutschland, *ZKM | Zentrum für Kunst und Medientechnologie, Karlsruhe* [1]
Paul Thek. Werkschau im Kontext zeitgenössischer Kunst, *Sammlung Falckenberg, Hamburg* [1]

2007 **Paul Thek. Werkschau im Kontext zeitgenössischer Kunst,** *ZKM | Zentrum für Kunst und Medientechnologie, Karlsruhe* [1]
Made in Germany, *kestnergesellschaft, Hannover / Hanover* [1]

Kommando Calvin Cohn New York, *Salon 94, New York*
Kommando Friedrich Hölderlin Berlin, *Galerie Max Hetzler, Berlin* [1]
Heretic & Co. – The Golden City, *Jiri Svestka Gallery, Prag / Prague*
Gallery Swap with Galerie Guido W. Baudach, *Hotel, London*

2006 **Ketzer & Co. – Montage auf der Achse Brünn–Berlin,** *Haus der Kunst, Brno* [1]
ANSTOSS BERLIN – Kunst macht Welt, *Haus am Waldsee, Berlin*
Extension Turn 2, *Eastlink Gallery, Schanghai / Shanghai*
The Uncertainty of Objects and Ideas, *Hirshhorn Museum and Sculpture Garden, Washington D.C.* [1]
Busan Biennale, *Busan Museum of Modern Art, Busan*
Berlin – Zürich, *Arndt & Partner, Zürich / Zurich*
Asterism, *Museo Tamayo de Arte Contemporáneo, Mexiko-Stadt / Mexico City*

2005 **Odiseado tra tempo,** *Galerie Peter Kilchmann, Zürich / Zurich*
Der Kunst ihre Räume, *Bonner Kunstverein, Bonn*
Clarke & McDevitt present, *Dublin City Gallery The Hugh Lane, Dublin*
Lichtkunst aus Kunstlicht, *ZKM | Zentrum für Kunst und Medientechnologie, Karlsruhe* [1]
Printemps de Septembre, *Festival of Contemporary Images, Toulouse* [1]
Return to Space, *Kunsthalle Hamburg* [1]
S.N.O.W.: Sculpture in Non-objective Way, *Galleria Tucci Russo, Turin*

2004 **Kommando Pfannenkuchen,** *Daniel Hug Gallery, Los Angeles*
Kommando Friedrich Schiller, *Jon Weaver Collection, Detroit*
Guido W. Baudach, *Galerie Guido W. Baudach, Berlin*
Made in Berlin, *ArtForum, Berlin* [1]
Heimweh: Young German Art, *Haunch of Venison, London* [1]
Lost in Tomorrow II, *Galerie Asbæk, Kopenhagen / Copenhagen*
Was passiert in meiner Wohnung wenn ich nicht da bin, *Wohnzimmer, Berlin*

2003 **Hands Up, Baby, Hands Up!,** *Oldenburger Kunstverein, Oldenburg*

Skulptur 03, *Galerie Thaddaeus Ropac, Salzburg*
actionbutton, *Hamburger Bahnhof – Museum für Gegenwart, Berlin* [1]
On Stage, *Villa Merkel, Galerie der Stadt Esslingen* [1]
Inaugural Group Show, *Blum & Poe, Los Angeles*

2002 **bitches of all genders they come and go,** *Galeriehaus ads 1 a, Köln / Cologne*
Große Kunstausstellung im Pazifik, *PAZIFIK, Berlin*
Tiere 2003, *Elternhaus Thomas Palme, Immenstadt*
Lost in Tomorrow I, *Centro Cultural Andratx*
On Stage, *Kunstverein Hannover / Hanover* [1]
FRIEDE, FREIHEIT, FREUDE, *Maschenmode Galerie Guido W. Baudach, Berlin*
Centre of Attraction, *8th Baltic Triennial for International Art, Vilnius*
Come-in. Interieur als Medium der zeitgenössischen Kunst in Deutschland, *ifa-Wanderausstellung, Kiew / Kiev, Chiang-Mai, New Plymouth, Hanoi und andere / amongst others* [1]
hell, *neugerriemschneider, Berlin*

2001 **Viva November,** *Städtische Galerie Wolfsburg* [1]
Neue Modelle, *Trafo Galerie, Budapest*
Szenarien oder der Hang zum Theater, *Bonner Kunstverein, Bonn* [1]
Aua Extrema, *Museum Kornelimünster, Aachen*
Zero Gravity, *Kunstverein Düsseldorf* [1]
Futureland, *Museum Abteiberg, Mönchengladbach und / and Van Bommel Museum, Venlo* [1]

2000 **handiKraft (mit / with John Bock und / and René Zeh),** *Auckland Artspace, Auckland*
Löcher (mit / with Ralf Berger und / and Gregor Schneider), *Galerie Luis Campaña, Köln / Cologne*
Modell, Modell, *Neuer Aachener Kunstverein, Aachen* [1]

1999 **change is good,** *Museum Fridericianum, Kassel* [1]
Gift und gute Form (mit / with Isa Genzken und / and Dirk Skrebber), *Museum voor moderne Kunst, Arnheim* [1]

IMPRESSUM / COLOPHON

Diese Publikation erscheint anlässlich der Ausstellung / This book is published in conjunction with the exhibition:

Björn Dahlem. Mare Lunaris
29.5.–24.8.2015

Berlinische Galerie
Landesmuseum für Moderne
Kunst, Fotografie und Architektur
Stiftung öffentlichen Rechts
Alte Jakobstraße 124–128
10969 Berlin

Tel +49 (0)30-78 902-600
Fax +49 (0)30-78 902-700
bg@berlinischegalerie.de
www.berlinischegalerie.de

AUSSTELLUNG / EXHIBITION

Konzept / Concept:
Björn Dahlem

Kurator / Curator:
Dr. Thomas Köhler

Kuratorische Mitarbeit / Curatorial Assistant:
Anne Bitterwolf

Projektmanagement / Project Management:
Anne Bitterwolf

Technische Leitung / Head of Installation Berlinische Galerie:
Wolfgang Heigl, Roland Pohl

Aufbau / Installation:
Sibylla Dumke, Fabian Fobbe, Timo Klöppel,
Kerstin Podbiel, Katrin Rother, Alison Smith

KATALOG / CATALOGUE

Herausgeber / Editor:
Berlinische Galerie, Landesmuseum für
Moderne Kunst, Fotografie und Architektur

Konzept / Concept:
Mirko Borsche, Björn Dahlem

Texte / Texts:
Anne Bitterwolf, Dr. Thomas Köhler

Redaktion / Editing:
Anne Bitterwolf

Lektorat / Copy Editing:
Miriam Wiesel

Übersetzung / Translation:
Dr. Lucinda Rennison

Gestaltung / Graphic Design:
Bureau Mirko Borsche
Mirko Borsche, Gian Gisiger, Lukas Rudig
mirkoborsche.com

Projektmanagement / Project Management,
Kerber Verlag:
Martina Kupiak

Lithografie / Image Editing:
MXM Digital Service GmbH

Schrift / Typeface:
Infini by Sandrine Nugue

Die Deutsche Nationalbibliothek verzeichnet diese Publikation in der Deutschen Nationalbibliografie; detaillierte bibliografische Daten sind im Internet über http://dnb.dnb.de abrufbar.

The Deutsche Nationalbibliothek lists this publication in the Deutsche Nationalbibliografie; detailed bibliographic data are available on the Internet at http://dnb.dnb.de.

GESAMTHERSTELLUNG UND VERTRIEB /
PRINTED AND PUBLISHED BY:

Kerber Verlag, Bielefeld
Windelsbleicher Straße 166–170
33659 Bielefeld
Germany
Tel   +49 (0)521-950 08-10
Fax +49 (0)521-950 08-88
info@kerberverlag.com

Kerber, US Distribution
D.A.P., Distributed Art Publishers, Inc.
155 Sixth Avenue, 2nd Floor
New York, NY 10013
Tel. +1 (212) 627-1999
Fax +1 (212) 627-9484

*Kerber-Publikationen werden weltweit in führenden
Buchhandlungen und Museumsshops angeboten
(Vertrieb in Europa, Asien, Nord- und Südamerika).*

*Kerber publications are available in selected book-
stores and museum shops worldwide (distributed in
Europe, Asia, South and North America).*

*Alle Rechte, insbesondere das Recht auf Vervielfäl-
tigung und Verbreitung sowie Übersetzung, vorbe-
halten. Kein Teil dieses Werkes darf in irgendeiner
Form ohne schriftliche Genehmigung des Verlages
reproduziert oder unter Verwendung elektronischer
Systeme verarbeitet, vervielfältigt oder verbreitet
werden.*

*All rights reserved. No part of this publication
may be reproduced, translated, stored in a retrieval
system or transmitted in any form or by any means,
electronic, mechanical, photocopying or recording or
otherwise, without the prior permission of the pub-
lisher.*

*© 2015 Kerber Verlag, Bielefeld und / and Berlin,
Berlinische Galerie, Landesmuseum für Moderne
Kunst, Fotografie und Architektur, Künstler und
Autoren / artist and authors*

*© für alle Arbeiten von Björn Dahlem / for all works
by Björn Dahlem:* **Björn Dahlem**
*Courtesy Galerie Guido W. Baudach und /
and Sies + Höke, Düsseldorf*

FOTONACHWEIS/CREDITS

S. / p. 49–51, 54–59, 61, 63, 64
Roman März, Berlin

S. / p. 52–53, 60, 62
Achim Kukulies, Düsseldorf

*© für die abgebildeten Vergleichsabbildungen /
for the reference illustrations:*
S. / p. 5 **ullstein bild – Imagno,
Foto: Gerhard Trumler**
S. / p. 6 **ullstein bild – Granger, NYC**
S. / p. 9 **Jeff Hester, Paul Scowen (Arizona
State University) und / and NASA / ESA**
S. / p. 12 **Björn Dahlem, Courtesy Privat-
sammlung / private collection Düsseldorf
Foto: Achim Kukulies, Düsseldorf**

ISBN Museumsausgabe / Museum Edition
978-3-940208-34-7

ISBN Buchhandelsausgabe / Trade Edition
978-3-7356-0141-4

*www.kerberverlag.com
Printed in Germany*

*Björn Dahlems besonderer Dank geht an /
Björn Dahlem would like to thank:*
**Guido Baudach, Lorena Caràs Ferrer, Claudia
Dahlem, Erika Dahlem, Leif-Erik Dahlem,
Theodor Dahlem, Sibylla Dumke, Fabian
Fobbe, Nina Höke, Isabel Holert, Timo
Klöppel, Tine Lurati, Sophie Prager, Claudia
Rech, Katrin Rother, Attila Saygel, Lisa
Seebach, Manuel Schubbe, Alexander Sies,
Allison Smith, Dominik Steiner**

MITARBEITER / STAFF BERLINISCHE GALERIE

Direktor / Director: **Dr. Thomas Köhler**

Verwaltungsdirektorin / Director of administration:
Birgitta Müller-Brandeck

Referentin des Direktors / Assistant to the director:
Anne Bitterwolf

Sekretariat der Direktion / Management office:
Wiebke Heß

Assistenz der Verwaltungsdirektion / Assistant to the director of administration: **Daniela Siegel**

Projektmanagement / Project Management STADT / BILD: **Barbara Heinrich**

SAMMLUNGEN / COLLECTIONS

Sammlung Bildende Kunst / Fine Art:
**Dr. Stefanie Heckmann (Leitung / HoD),
Guido Faßbender, Annemarie Seyda,
Christian Tagger, Anja Elisabeth Witte**

Fotografische Sammlung / Photography:
**Ulrich Domröse (Leitung / HoD),
Kerstin Diether, Tanja Keppler**

Grafische Sammlung / Graphic Art:
**Dr. Annelie Lütgens (Leitung / HoD),
Katharina Hoffmann**

Architektursammlung / Architecture:
Ursula Müller (Leitung / HoD), Frank Schütz

Künstler-Archive / Artists' Archives:
**Dr. Ralf Burmeister (Leitung / HoD),
Philip Gorki, Julia Moldenhawer,
Wolfgang Schöddert**

Bibliothek / Library:
**Sabine Schardt (Leitung / HoD),
Marion Molnos, Christina Strauch**

Restaurierung / Conservation:
**Andreas Piel (Leitung / HoD),
Maria Bortfeldt, Sabina Fernandez,
Corinna Nisse**

Wissenschaftliche Volontäre / Trainee Curators:
**Anna Maria Heckmann, Gunnar Klack,
Dirk Weilemann, Barbara Susanne Werr,
Anne Wriedt**

MARKETING & KOMMUNIKATION / PUBLIC RELATIONS

**Ulrike Andres (Leitung / HoD),
Diana Brinkmeyer, Fiona Finke,
Michaela Englert (Trainee),
Marie Claire Krahulec (Trainee),
Carolin Wagner (Kommunikationsassistenz / PR assistant STADT / BILD), Lea
Mötter (FSJ Kultur)**

Förderverein / Friends of the Museum:
**Sophie Bertone, Stephanie Krumbholz,
Elena Schoubye**

ZENTRALE DIENSTE / ADMINISTRATION

Organisation und IT / Organisation and IT:
**Christiane Friedrich (Leitung / HoD),
Martin von Piechowski, Jan Salzberger**

Finanzen & Controlling / Finance & Controlling:
**Susanne Teuber (Leitung / HoD),
Laila Ayyache, Kerstin Böhme,
Dagmar Petzold**

Personalservice / Human Ressources:
**Christian Monschke (Leitung / HoD),
Cornelia Remky**

Besucherbetreuung / Visitors' Service:
**Carola Semm (Leitung / HoD),
Helmut Andersen, Christiane Boese, Friederike von Born-Fallois, Brigitte Heilmann,
Nihal Isigan, Gerhard Jende, Frank Lambertz, Daniela Lamprecht, Matthias Linde,
Katarina Roters, Olaf Schümann, Nasrin
Sheikh Zadeh, Reza Soltani**

Museumsshop / Museum Shop:
**Carsten Fedderke, Dr. Eva-Maria Kaufmann,
Reinhard Kuh, Merwe Reckenfelderbäumer,
Dirk Schäfer**

Technik / Technical Department:
**Roland Pohl (Leitung / HoD), Wolfgang Fleischer, Robert Frank, Ralf Geelhaar, Wolfgang
Heigl, Andreas Kamprath, Frank Rohrbeck,
Leonie Hagitte (FSJ Kultur)**